ひと口で人間をダメにするウマさ!

悪魔のレシピ

リュウジ式

2

JN032549

ライツ社

悪魔的においしいのにとんでもなく実用的！

を目指しました。

- レシピはどれも1ステップ〜3ステップ
- とにかく短い文章で説明
- QRコードから料理動画にも飛べる！

ありえない野菜を
漬物にしたら異常に
ウマかった
「冷やしだしピーマン」

1. ひと口で「人間を ダメにするくらい」 おいしい! のに…

つまり、存在が悪魔。

ゆで卵を漬けるだけで
最強のおかずが完成!
「合法たまご」

パンに……
味の素…だと……!?
「至高のガーリックトースト」

2. 「最短で、最高の味が作れる」ことを考え抜きました

工程をどれだけ省けるか。
特別な調味料を使わずに、
おいしくつくれるか。

あの飲み物1本で、
本格カレーが楽勝!
「秒殺バターチキンカレー」

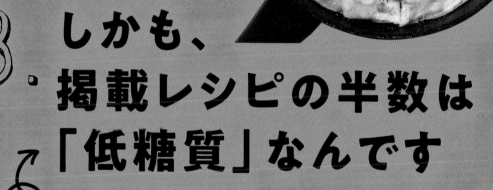

グルテンフリーで
食べ応え満点痩せ飯
「たまごのピザ」

3. しかも、掲載レシピの半数は「低糖質」なんです

つまり、「天使のレシピ」が
116品中62品。悪魔のレシピは
決してデブメシだけじゃない。

「やわらかっ!」って
絶対言うと思う
「超柔ささみステーキ【改】」

はじめに

義務感だけでやる仕事って、つらいですよね。料理も、その1つだと思います。それでも、みんな自分のために、だれかのためにってなんとか考えて、作って、食って、片付けして、生きてる。それだけでいつだって「本日のMVP」だと思います。そんなあなたがどうしてもやる気が出ないときに、頼れる味方がいればいい。そう思って、ぼくは料理研究家をしています。

めんどうだけど、どうせなら美味しいものを食べたい。目的までの過程は短ければ短いほどいい。ならその道筋を見つけて、できれば楽しいものにするのが、ぼくの仕事です。限られた材料と時間で美味しいものを作る。その遠回りは、代わりに料理研究家が1000回でも作ってすればいい。そう思っています。それが最短距離であるなら、反則だろうがドーピングだろうがかまわない。料理はだれと競うものでも、ルールがあるものでもないんだから。「邪道」と言われがちなぼくのレシピの裏には、そりゃちゃんとした理論があるわけだけど、語らなくていいと思ってます。だって、語るとハードルが上がるから。

結果、「世界一美味しい」だなんて大げさだなってバカにされても、その言葉が好奇心を掻き立てて、料理を作ってもらえたらうれしいんです。なんか変なヤツの料理を見たら、うまそうに思えて、「コイツができるならわたしもできるんじゃね」って作ったら、美味しかった。そんでいつかほんの少しでも、料理が楽しいって思ってもらえたら、最高です。

……以上が地上波テレビ用のキレイなぼくからのメッセージですが、
すみません本性を現します。この本は「悪の教典」です。
魔界からきたおれが、おまえらをダメにする
禁術を詰め込みました。とにかく「やばい」以外の
語彙がなくなるレシピばかり載せていますので、
「それでもいい」という方のみ、お楽しみください。

リュウジ

目次

人間をダメにする 伝説レシピ

ゆで卵漬けるだけで、ほぼ違法なウマさ
合法たまご 14

わざと焦がしてから煮る。すると血の色になる
暗殺者のパスタ 15

なぜ日本人は、ピーマンを漬物にしなかった
冷やしだしピーマン 16

50秒ゆでるだけで最強の副菜
ニラの甘辛おひたし 17

グルテンフリーで食べ応え満点痩せ飯
たまごのピザ 18

「やわらかっ!」って絶対言うと思う
超柔ささみステーキ【改】 19

「あの飲み物」1本で、楽勝で作れる
秒殺バターチキンカレー 20

あの猛烈にウマいオレンジ色のやつ
インド料理屋で出てくるサラダ 21

あの国民的名作を家で作れるよう考えました
至高のミラノ風ドリア 22

味噌とマヨを混ぜ込んだ、おぞましい塊
世界一ごはんに合うハンバーグ 23

親子丼よりかんたんで、たまご丼より満足感
黄金納豆丼 24

単体でおつまみにしてもOK
ラーメン屋さんの辛ねぎ 25

なんと「調味料1つ材料2つ」でできます
きゅうりのにんにくポン酢漬け 25

パンに……味の素…だと……!?
至高のガーリックトースト 26

胃袋がブラックホール
シン・定番おかず

肉を固めて焼く。するとステーキになる
豚こまトンテキ 28

これガチで麻婆よりウマいかもしんない
ねぎ豆腐 29

安い豚こまだからウマい　**豚こまぶた天** 30

プーさんが思わず肉食になる味
ハニーレモン唐揚げ 31

切り方1つでここまで変わる
鶏むねスティック唐揚げ 31

本当に美味しいピーマンの炒め方教えます
名もなき豚ピー 32

友達が「これ異常にウマいんだけど
なんで?」と聞いてくる
名もなき長芋豚巻き 33

いつもの味に飽きたらカレー粉入れてみ
最強のバラ焼き 34

ほったらかして作れるから絶対やって
フライパン蒸し豚 35

なぜいままでバターを入れなかったのか
すきやきバターひき肉じゃが 36

野菜を一切入れない。だから肉の旨みが際立つ
黄金肉春雨 36

ノリで応募したおかず選手権で優秀賞獲った
米泥棒鶏 37

ちゃんとシンプルな料理も作れるんですよ
鶏のオイスタートマト煮込み 38

ニラは薬味と考えればめっちゃ使える
生ニラだれ鶏 39

いまから世界一ウマい鶏ステーキ焼きます
鶏の昆布締め 40

白米のために考え抜いたソース
みそバターソースステーキ 41

サーモンでもマグロでもOK
刺身が100倍おいしくなる漬け 42

照り焼きと肩を並べるであろう新定番
レンジオリーブオイル蒸しぶり 42

味も満足感もすごいのに
太らない神レシピ

このパンチ力で太らないの意味わかんない
至高のチリコンカン 44

沸き立つ鍋つゆ、溢れ出る汗、痩せる体
地獄の湯豆腐 45

見た目はチヂミ。でも低糖質で重くない
超痩せ肉チヂミ 46

糖質ほぼゼロとは思えない最強つまみ
無限しらたき 47

ウマいし早いしボリュームも出るし、一石三鳥
納豆ドレッシング 48

ゆで時間1分で、しっとり痩せ飯
鶏むねのレモン漬け 49

生地の代わりにささみを焼いた
ささみピザ 50

炒めてたら牛タンの匂いがします
ねぎ塩こんにゃく 50

ラーメンとかまぜそば食いたくなったら
ジャージャーもやし 51

おれのズッキーニ人生の中で一番ウマい
悪魔の肉ズッキーニ 52

野菜がたくさん
食べられる無限副菜

あまい・にがい・からいの無限連鎖
飯泥棒ピーマン味噌 54

あの「無限キャベツ」の5倍ウマい和風コールスロー
シン・無限キャベツ 55

おかずになる大根、食ったことありますか？
至高の大根ステーキ 56

20年ミニトマト食ってない奴が食えた
トマトの宝石漬け 57

その辺の植え込みにみょうが生やしたくなる
飯泥棒みょうが 57

甘酸っぱいシャキシャキ **無限たまねぎ** 58

昆布茶は調味料です
長芋のわさび昆布茶漬け 58

むしろパスタよりじゃがいもが正解
ジャガボナーラ 59

冷凍里芋で丸さ不要！
里芋のまんまる唐揚げ 60

金スマで中居くんに「ウマい」と言わせた
ザクザクオクラ 61

The most beautiful NASU
やみつき蒸茄子 62

酒も米も一瞬で消滅するコリコリ
ヤンニョムえのき 62

野菜を義務感で食べてる奴に教えてやってくれ
叙々苑風サラダ 63

ひと口目はだしの味。あとから極悪の辛さ
地獄の白菜 64

煮卵作るのめんどくさい意識低い系の皆様へ
焼き煮卵 64

ちくわはきゅうりを刺して食うだけじゃない
タルタルちくわ 65

ニラ玉でもかに玉でもない第三の玉 **キム玉** 66

ひと皿で大満足
丼・炒飯・カレー・炊き込み

炒めたトマトがトロトロのソースになる
焼きトマト丼 68

家にたまねぎしかなくても作れるごちそう
新たまねぎステーキ丼 69

肉よりウマい「軸」がうめえ
しいたけ丼 70

苦味を消して甘さを引き出す技法
悪魔のピーマン丼 71

オクラで作るとろろごはんって感じ
夏を生き延びるオクラめし 71

むしろ卵が邪魔になる
至高のチキンライス 72

エビシューマイで高級海鮮炒飯
反則の海老チャーハン 73

麻婆豆腐味のチャーハンす
赤チャーハン 74

大阪名物、ルーにごはん混ぜて生卵
自由軒風カレー 74

生にんにくと長ねぎをトッピング
本当においしい台湾カレー 75

肉だけの中華丼がむしろウマかった
むね肉かけ丼 76

外はカリッ、中はトロッの両面焼き
フライドエッグ丼 77

なぜか「悪魔崇拝者」だと言われたので作りました
悪魔のプロビデンス丼 77

とち狂っていっしょに炊いたらウマかった
豚キムチの炊き込みごはん 78

火すら使わない
ササっとひとり飯

レンジ「だから」たどりつけた最高の丼
蒸し鶏丼 80

2分で作れるのに超栄養価高い
究極のアボカド丼 81

4枚の薄いハムをごちそうに変える魔法
ヤバすぎるハム丼 82

コンビーフの脂をわさびの爽やかさが包む
わさびバターコンビーフ丼 82

トーストをごはんに変えてもウマかった
悪魔のピザごはん 83

水分を足さずにだしを効かせるには
至高のとろろ 84

戻し汁で米炊いて、わかめは後入れ
本当においしいわかめごはん 85

ケチ料理研究家が考えた1杯68円
お金渋り丼 86

魅惑の新世界
アレンジ麺類

酒で煮たパスタがとんでもなかった
日本酒ペペロンチーノ 88

ごはんに合うものはパスタにも合うんだね
生姜焼きのパスタ 89

もしナポリタンがトロトロになったら
ナポリナーラ 90

ウマさの秘密は「擬似ドライトマト」
**あまりにも美味しい
ミニトマトのパスタ** 91

湖池屋のポテトチップス味
青のりバターパスタ 91

目つぶったら明太子の味がします
ジェネリック明太子パスタ 92

この料理で煮干しのスゴさを知ってくれ
究極の煮干し水そうめん 93

暗記して「激安そうめんはゆでるときに酢」
救済そうめん 94

そうめんに衝撃の「ARE」で優勝
黄金たまごそうめん 95

焼肉のタレでうどんを食う
冷やしタレうどん 95

ステーキ味の焼きうどんって感じ
ペッパービーフうどん 96

完璧な出汁を油とにんにくで全部ぶち壊す
二郎系ジロうどん 97

「鶏がら×豆乳」は何を煮込んでもウマい
**本当に美味しい
キムチクリームうどん** 98

水ではなくあのジュースで蒸すと……
トマト焼きそば 99

あの粉末スープは水に溶けるんです
サッポロ一番冷やし〈塩〉 100

夏は冷たくて辛いものでしょう
サッポロ一番冷やし〈みそ〉 100

作りながら呑もうぜ 爆速おつまみ

ちょっと待て。枝豆はそのまま食うな
だし漬け枝豆 102

肉詰めのピーマンは「生」がウマい
生肉ピーマン 103

生牡蠣の最高の食べ方がこちら
生牡蠣のタバスコオイルマリネ 104

昔働いていた店でほとんどの常連が頼んでた
洋風ネギトロ 104

クラムチャウダーみたいに濃厚
生クリームのアヒージョ 105

めんつゆ、卵黄、薬味、粉チーズ
革命餅 106

やけくそです。でも呑めます
焼き納豆 107

アメリカ人が大好きなオードブル
悪魔のたまご 107

肉をナスも口の中でジュワッと広がる
ナスの洋風肉詰め 108

ガーリックトマトソースで食べる
まるごとモッツァレラステーキ 108

冷凍アサリで作れば一皿なんと80円
あさりの唐揚げ 109

揚げることで肉汁がジュワッとしみ出る
スパムの唐揚げ 110

パリッパリの皮、辛味、そして酒
鶏の七味焼き 111

飲む前に、明日の自分のために作れ
至高のあら汁 112

おうちで作れる 背徳のパン＆スイーツ

ベーコンの塩味にアボカドのまろやかさ
究極のアボカドトースト 114

缶詰めの甘い焼き鳥は、パンにこそ合う
悪魔の親子トースト 115

ホットサンドはフライパンで作れるよ
サバ缶レモンホットサンド 115

初めてのお菓子づくりは、ここからどうぞ
至高のクランキーチップクッキー 116

チョコをもらう予定のない皆様にオススメ
至高のホットチョコレート 117

索引 120
QRコード一覧 124

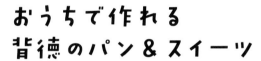

できるだけ失敗がないように！
本書の使い方

味つけ
ぼくは酒のみなので、本書の味つけは基本的に濃い目です。塩や醤油や白だしなど塩分の強い調味料は、味を見て、自分の好みに調整してください。

大さじ・小さじ
大さじ1は15cc、小さじ1は5cc。

火加減
指定のないかぎり中火です。ご家庭のコンロにより火力が異なるので、レシピの火加減と加熱時間を目安に調整してください。

電子レンジの加熱時間
本書のレシピは600Wの場合の目安です。500Wの場合は1.2倍にしてください。

調理工程
野菜を洗う、皮をむく、種やヘタを取る、などは省いています。具材の切り方に指定がなければ、ご自身の食べやすい大きさに切ってください。

よく使う調味料
- 砂糖は上白糖、塩は食卓塩、酢は穀物酢、醤油は濃口、みそはだしが入ってないもの、みりんは本みりんを使っています。
- 酒は清酒（料理酒は塩分が入っているのでオススメしません）。でも、未成年の方は清酒を買えないので料理酒で代用してください。（その場合、塩分が少し強くなるので調整してください）
- 白だしはぼくは最近ヤマサの「これ!うま!!つゆ」を愛用しています。めんつゆと白だしのいいとこどりみたいな調味料です。
- 鶏がらスープの素は、ほかの中華調味料（ペーストのものなど）でも代用できます。
- 豆板醤はユウキの四川豆板醤を使っています。（豆板醤は製品によって塩分が異なるので注意してください）
- ラード…豚の背脂のことです。最近は使いやすいチューブタイプがスーパーに売ってます。
- なくても構いませんが、仕上げにラー油・タバスコ・きざみ海苔・小ねぎ・いりごまなどがあれば、もっとおいしく見た目も華やかになります。

特別な調味料
持っていない調味料があったら、すみませんが買ってください。（その代わり、使えるレシピをたくさん公開しています。アプリ「リュウジのバズレシピ」に調味料の名前を入れて検索してみてください）

味の素（うま味調味料）の使い方
うま味調味料は、「塩分」ではなく「うま味の塊」です。なので、塩分の強い調味料と合わせて使うと料理がおいしくなります。つまり、醤油＋味の素＝「だし醤油」、塩＋味の素＝「だし塩」、みそ＋味の素＝「だしみそ」。コンソメや和風だしの代わりに使うと、鰹節やビーフの香りを添加せずに「うま味のみ」を足せるので、シンプルに「素材の味を生かす調味料」として、ぼくは使っています。

チューブにんにく／しょうがの計量
チューブと生は、「イチゴ」と「イチゴ味」くらいの違いがあるので、できれば生を使ってください。ゼスターグレーターというおろし器がめちゃくちゃ便利です。

にんにく		しょうが	
生	チューブ	生	チューブ
1/2かけ	小さじ1/2	5g	小さじ1
1かけ	小さじ1	10g	小さじ2
2かけ	小さじ2	15g	大さじ1

低糖質レシピのマーク

62品／**116**品

悪魔の代わりに天使がついています。前日に食べ過ぎた次の日は、低糖質レシピを作って、バランス良く食事を楽しみましょう。

レシピ動画を見れるQRコード
巻末に、リュウジのYouTube動画を見れるQRコードを載せています。初めて見る方はびっくりされるかもしれませんが、より詳しくポイントやコツを説明しています。

人間をダメにする
伝説レシピ

火すら必要ないごはんの友、考えられない野菜の漬物、
ありえない発想で、あの店の味を再現する方法……。
作ってみたら「最短で、最高の味」という
コンセプトを実感してもらえると思います!

ゆで卵漬けるだけで ほぼ違法なウマさ 合法たまご

材料〈つくりやすい分量〉

- ゆで卵…10こ（7分半ゆで）
- 長ねぎ（みじん）…80g
- にんにく（おろし）…1かけ
- 鷹の爪（輪切り）…2本分
  （辛いの苦手な人は入れない）
- 水…50cc
- 醤油…大さじ4
- オイスターソース…大さじ1
- ごま油…大さじ1/2
- 砂糖…小さじ4
  （甘いの好きな人は足す）
- 酢…小さじ2
- 味の素…8振り

1. ビニール袋に材料をすべて入れ、軽くもむ。

2. 空気を抜いて、一晩漬けるだけ。

point コンビニでゆで卵買ったら、火も使わん
最近はレンジでゆで卵作れる道具もあるらしい

白米にのっけて食ってみて
危ないから

わざと焦がしてから煮る。すると血の色になる

暗殺者のパスタ

材料〈1人分〉

- パスタ（1.4mm）…100g（5分ゆでのもの）
- Ⓐ たまねぎ（みじん）…1/4こ（60g）
  - にんにく（みじん）…2かけ
  - 鷹の爪（輪切り）…2本分
  - （辛いの苦手な人は入れない）
- トマト缶…1/4缶（100g）
- オリーブ油①…大さじ1
- オリーブ油②…大さじ1/2
- 〈パスタを煮るとき〉
- Ⓑ 水…420cc
  - コンソメ…小さじ1と1/3
  - 塩…2つまみ

1. 大きいフライパンに油①を熱し、Ⓐを炒める。トマト缶を加えてつぶす。

2. 軽く水分が飛んだらパスタを入れ、油②をかけてヘラで押し焼く。しっかり焦げ目がついたら裏返し、同じように焦げ目をつける。

3. Ⓑを加え、一度沸かす。火加減を調整しつつ、パスタをほぐしながら5分ほど水分が残り大さじ1くらいになるよう煮詰める。

point 水分の減りが早ければ火を弱めて水分が多ければ強火で飛ばすって感じす

ありえない作り方だけどイタリアに実在する超ウマいパスタです

ヒヒヒヒ……

パグッ！！

なぜ日本人はピーマンを漬物にしなかった

冷やしだしピーマン

材料〈つくりやすい分量〉

- ピーマン（一口大）…3こ（180g）
- にんにく…1かけ
  （包丁の腹でつぶしておく）
- 鷹の爪（輪切り）…1本分
  （辛いの苦手な人は入れない）
- 白だし…大さじ4
- 水…大さじ4
- 塩…少々

1. ビニール袋に材料をすべて入れ、軽くもむ。

2. 空気を抜いて、冷蔵庫で数時間置くだけ。

point 千切りでやったら漬け時間数分でいいかも

白米のせたら
「ピーマンのごはん詰め」

ニラの甘辛おひたし

材料〈つくりやすい分量〉

- ニラ…1束(100g)

〈タレ〉

- にんにく（おろし）…ほんの少し
- 鷹の爪（輪切り）…1本分
  （辛いの苦手な人は入れない）
- 水…大さじ1/2
- 醤油…大さじ1/2
- オイスターソース…大さじ1/2
- ごま油…大さじ1/2
- 砂糖…小さじ1/2
  （甘いの好きな人は足す）
- 味の素…3振り

1. ニラを50秒ゆでる。流水で冷やしたら、水分を限界まで絞り、食べやすく切る。

2. タレの材料を混ぜ合わせ、❶にかけるだけ。

point ニラは輪ゴムをしてゆでるとバラバラにならん

これピビンバみたいにして食ってもウマいだろうなあ

びょ～ん

グルテンフリーで 食べ応え満点痩せ飯 たまごのピザ

材料〈1～2人前〉

- **A** ベーコン（細切り）…45g
  （塩胡椒を振っておく）
  たまねぎ（薄切り）…60g
- トマト（薄切り）…1/2こ（90g）
- 卵…2こ
- 塩胡椒…強め
- ピザ用チーズ…好みで
- オレガノ（あれば）…好みで

ふつうのピザより
はるかに食べやすい

1. 小さいフライパンを熱し、**A**を炒める。
   トマトを加え、くずれないように炒める。

2. 卵を溶き入れる。塩胡椒を振り、
   チーズをかけてフタをする。

3. チーズが溶けたら火を止め、オレガノを振る。

point ピザの香りの正体はオレガノだから、絶対買って

「やわらかっ！」って絶対言うと思う

超柔ささみステーキ(改)

材料〈1〜2人前〉

- ささみ…3〜4本
  （気になる人はスジを取る）
- にんにく（スライス）…2かけ
- Ⓐ 塩胡椒…好みで
  薄力粉…まんべんなく
- サラダ油…大さじ1

〈タレ〉

- Ⓑ 醤油…大さじ1
  みりん…大さじ1
  酒…大さじ1
  バター…8g
  味の素…3振り

あいつへの憎しみを込めて叩け
きっとウマくなるから

1. ささみにラップをかけ、
   瓶などで叩いて平らにしたらⒶを振る。

2. フライパンに油を熱し、にんにくを弱火で
   炒め、柴犬色のガーリックチップになったら
   一度取り出す。

3. 中火にし、残った油で❶の両面をカリッと焼く。
   器に移す。空いたフライパンにⒷを入れ、一度
   沸かす。ささみにかけ、ガーリックチップをのせる。

point　火を入れすぎたら固くなるから焼きすぎ注意

うそ…！

「あの飲み物」1本で、楽勝で作れる

秒殺 バターチキンカレー

©アーモンド効果

材料〈1〜2人前〉

- ごはん…好みで
- 鶏もも肉（一口大）…1枚（320g）
  （塩胡椒を振っておく）
- **A** たまねぎ（みじん）…1/2こ（100g）
  にんにく（おろし）…2かけ
  しょうが（おろし）…10g
- **B** トマト缶…1/2缶
  塩…小さじ1より気持ち少なめ
- **C** アーモンド効果（無糖）…1本（200cc）
  バター…20g
  砂糖…小さじ1
- カレー粉…大さじ1と1/2
- サラダ油…小さじ1

1. フライパンに油を熱し、鶏肉を炒める。
   Aを加えてさらに炒める。

2. **B**を加えて煮詰め、とろみが出てきたら**C**も
   加えて一度沸かす。弱火にして8分煮込む。

3. カレー粉を加えて混ぜ、さらに数分煮込む。

point 本場はナッツすりつぶすところからやってるけど、
「アーモンド効果」使えば10秒す

最短で最高の味ってのは
こういうことです

あの猛烈に
ウマい
オレンジ色の
やつ

インド料理屋で出てくるサラダ

材料〈つくりやすい分量〉

- にんじん（おろし）…25g
- にんにく（おろし）…ほんの少し
- ケチャップ…45g
- マヨネーズ…40g
- 砂糖…小さじ1/3
- カレー粉…小さじ1/4
- クミン（あれば）…小さじ1/2
- レモン汁（市販）…小さじ1
- 塩胡椒…好みで
- 味の素…5振り

1. 材料を混ぜ合わせ、好きな野菜にかけるだけ。

point ケチャップはハインツのが色がよく出てオススメ

あればパプリカパウダー入れたら
もっとオレンジ色になります

完全再現

あの国民的名作を家で作れるよう考えました

至高のミラノ風ドリア

材料〈1人前〉

〈ミートソース〉
- 合びき肉…60g
 （塩胡椒を振っておく）
- **Ⓐ** たまねぎ（みじん）…1/4こ（50g）
 にんにく（みじん）…1かけ
- **Ⓑ** トマトジュース（無塩）…100cc
 ケチャップ…大さじ1
 コンソメ…小さじ1/2
- オリーブ油…小さじ1

〈ドリア〉
- ごはん…150g
- 薄力粉…大さじ1
- **Ⓒ** 牛乳…250cc
 コンソメ…小さじ1と2/3
 塩…1つまみ
- バター…10g
- ピザ用チーズ…30g

1. フライパンに油を熱し、ひき肉に焼き目をつける。Ⓐを加えてさらに炒める。Ⓑを加え、水分がほぼ飛ぶまで煮詰めて、火を止める。

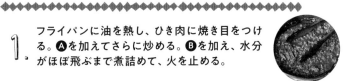

2. 別のフライパンにバターを熱し、ごはんを炒める。薄力粉を加え、なじんだら強火にしてⒸを加える。混ぜながら、ヘラで鍋底に線が引けるくらいトロトロにする。

3. 耐熱容器に❷を入れて、❶をのせる。チーズを振り、トースターで焦げ目がつくまで焼く。

point 完全再現というより、至高の域に昇華させたイメージす

サイゼリヤさんに
敬意を表して

世界一ごはんに合うハンバーグ

材料〈2こ分〉

- 合びき肉…300g
- たまねぎ①（みじん）
   …1/2こ（100g）
- 塩胡椒…好みで
- バター…10g
- Ⓐ 塩…小さじ1/4
   黒胡椒…思ってる3倍
- Ⓑ 卵…1こ
   パン粉…大さじ4
   水…大さじ2
   味噌…大さじ1
   マヨネーズ…大さじ1
   味の素…4振り
   片栗粉…小さじ2
   ナツメグ（あれば）…6振り

〈焼くとき〉
- サラダ油…小さじ1
- 水…大さじ3

〈タレ〉
- Ⓒ たまねぎ②（みじん）
   …1/4こ（50g）
   醤油
   …大さじ1と1/2
   みりん…大さじ2
   酒…大さじ2
   砂糖…小さじ1/2
   味噌…小さじ1
   味の素…2振り

1. フライパンにバターを熱し、たまねぎに塩胡椒を振って炒め、冷ます。ひき肉とⒶをこね、炒めたたまねぎとⒷを加えてさらにこねる。2つに成形する。

2. フライパンに油を熱し、❶を焼く。焦げ目がついたら裏返す。水を加え、フタをして蒸し焼きにする。器に移す。

3. 空いたフライパンにⒸを入れて混ぜ、一度沸かす。❷にかける。

point つまようじ刺してピンクの汁が出てきたら生焼け。透明ならOK

ごはんの上でハンバーグ崩しながら食べて

トロットロ〜

親子丼よりかんたんで
たまご丼より満足感

黄金納豆丼

材料〈1人前〉

- ●ごはん…好みで
- ●卵…2こ
- Ⓐ納豆…1パック
  白だし…大さじ1
  みりん…大さじ2
  水…大さじ2
  醤油…小さじ2

1. 小さいフライパンにⒶを入れて混ぜ、一度沸かす。

2. 弱火にし、卵を1こ軽く溶き入れ、フタをして1分待つ。

3. もう1つの卵を軽く溶き入れ、半熟になったら火を止める。ごはんにのせる。

point 粘りの効果でめちゃくちゃトロトロ。口当たりが天使みたい

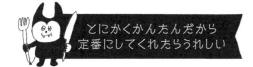

とにかくかんたんだから
定番にしてくれたらうれしい

ラーメン屋さんの辛ねぎ

単体で
おつまみに
してもOK

材料〈つくりやすい分量〉

- 長ねぎ（斜め細切り）…1/2本（60g）
- ごま油…大さじ1/2
- Ⓐ 豆板醤…小さじ1
- オイスターソース…小さじ1/2
- 味の素…4振り
- 一味唐辛子…好みで

1. 長ねぎを15分ほど水に浸し、ザルにあけ水分を絞り切る。

2. 先にごま油と和えたあと、Ⓐを加え、混ぜ合わせる。

point 辛さは豆板醤と一味の量で好みに調整して

ねぎ好きの人は手作りのコレたまらん思う

なんと「調味料1つ 材料2つ」でできます

きゅうりのにんにくポン酢漬け

材料〈つくりやすい分量〉

- きゅうり…2本
- Ⓐ にんにく…3かけ（包丁の腹でつぶしておく）
- ぽん酢…大さじ6

1. きゅうりの皮をピーラーでシマシマにむき、一口大に切る。

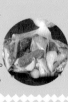

2. ビニール袋に❶とⒶを入れる。空気を抜いて、一晩置くだけ。

point ほかの野菜漬けてももちろんウマい

かんたんすぎるけど
料理研究家です

カリッ！

パンに……味の素…だと……!?

空前のガーリックトースト

材料〈つくりやすい分量〉

- にんにく（スライス）…3かけ（20g）
- オリーブ油…小さじ4
- **Ⓐ** にんにく（みじん）…3かけ（20g）
  バター…50g（常温に戻しておく）
  塩…小さじ1/4
  味の素…4振り
- バゲット（食パン）…好みで

1. フライパンに油を熱し、スライスしたにんにくを弱火で炒める。柴犬色のガーリックチップになったら一度取り出す。

2. ボウルに❶のガーリックチップ・Ⓐ・フライパンに残った油を入れ、よく混ぜる。

3. パンに塗り、トースターで焼く。

point 食パンでやったほうがウマいかもしんない

 もはやバターと味の素だけでもウマいからトースト焼いてみて

2

胃袋が
ブラックホール
シン・定番おかず

なぜこれを入れなかったのか、
なぜアレを足さなかったのか、なぜ思いつかなかったのか。
過去を後悔したくなるほど新しい
珠玉のおかずレシピの数々をどうぞ。

肉を固めて焼く。
するとステーキになる

豚こまトンテキ

材料〈1～2人前〉

- 豚こま…250g
- にんにく（スライス）…2かけ
- Ⓐ塩胡椒…好みで
  片栗粉…小さじ2
  酒…小さじ2
- サラダ油…大さじ1

〈タレ〉
- Ⓑみりん…大さじ1
  ウスターソース…大さじ1と1/2
  オイスターソース…大さじ1
  黒胡椒…好みで
  味の素…3振り

下手なロース肉より
柔らかくてウマいす

1. 豚肉にⒶを振ってよーくもみこみ、2つにまとめる。フライパンに油を熱し、にんにくを弱火で炒める。柴犬色のガーリックチップになったら一度取り出す。

2. 残った油で❶の豚肉を焼く。ヘラでしっかり押しつけ焼き目をつけたら、フタをして3分蒸し焼き、裏返してもう3分蒸し焼きにする。器に移す。

3. フライパンの油を小さじ2程度残し、Ⓑを加えて一度沸かす。❷にかけ、❶のガーリックチップをのせる。

point 片栗粉が肉の水分を保湿するから超ジューシー

ねぎ豆腐

これガチで麻婆より
ウマいかもしんない

材料〈2〜3人前〉

- 木綿豆腐（サイコロ状）…350g
- 豚こま肉（細切り）…150g
  （塩胡椒を振っておく）
- **Ａ** 長ねぎ（薄く斜め切り）…120g
  しょうが（千切り）…10g
- ごま油…大さじ1
- **Ｂ** 水…200cc
  味の素KK中華あじ…大さじ1
  （なければ鶏がらスープの素）
  塩…1つまみ
  黒胡椒…思ってる3倍
- **Ｃ** 片栗粉…小さじ2
  酒…大さじ1と1/2

1. フライパンに油を熱し、豚肉を炒める。
Ａ を加えてさらに炒める。

2. 豆腐を加えてサッと炒める。**Ｂ** を加えて一度沸かす。

3. 弱火にし、**Ｃ** を溶き入れて全体を混ぜる。強火にし、
もう一度沸かして、とろみがついたら火を止める。

point 「中華あじ」は豚のだしなので、本格中華味に仕上がります

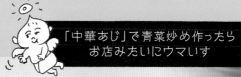

「中華あじ」で青菜炒め作ったら
お店みたいにウマいす

サクッ

安い豚こま
「だから」ウマい

豚こまぶた天

材料〈1～2人前〉

- 豚こま肉…240g
- Ⓐ しょうが（おろし）…10g
  - 醤油…大さじ1
  - 酒…大さじ1
  - 味の素…3振り
- Ⓑ 片栗粉…20g
  - 薄力粉…25g
  - 炭酸水（水）…大さじ3
  - サラダ油①…小さじ1
- 〈揚げるとき〉
- サラダ油②…底から1cm
- 〈食べるとき〉
- 醤油…好みで
- からし…好みで

1. 豚肉にⒶをよーくもみこむ。Ⓑを加えて混ぜる。

2. 小さいフライパンに油を熱し、
柴犬色になるまで1枚ずつまとめて揚げる。
キッチンペーパーで油を切る。

point 天ぷらなのにボウル1つで完結です

鶏の唐揚げに下克上を狙える
ウマさ＆かんたんさです

プーさんが思わず肉食になる味 ハニーレモン唐揚げ

材料〈2人前〉

- 鶏もも肉（一口大）…320g

〈揚げるとき〉
- 片栗粉…適量
- サラダ油…底から1cm

Ⓐ
- にんにく（おろし）…1かけ
- 酒…大さじ1
- 塩…小さじ1/2
- レモン…小さじ2/3
- はちみつ…小さじ1
- 味の素…3振り
- 黒胡椒…好みで

1. 鶏肉にⒶをよーくもみこみ、常温で20分置く。片栗粉をまぶす。

2. 小さいフライパンに油を熱し、柴犬色になるまで揚げる。キッチンペーパーで油を切る。

point 下味は思ってる2倍しっかりもみこんで。片栗粉もたっぷりと

ワッフルとかパンケーキにのせたらめちゃくちゃ相性いいと思う

切り方1つでここまで変わる 鶏むねスティック唐揚げ

材料〈2人前〉

- 鶏むね肉…350g

Ⓐ
- にんにく（おろし）…1かけ
- 酒…大さじ1
- 片栗粉①…小さじ2
- 鶏がらスープの素…小さじ2
- オイスターソース…小さじ1
- 黒胡椒…好みで

〈揚げるとき〉
- 片栗粉②…適量
- サラダ油…底から1cm

〈食べるとき〉
- 黒胡椒…好みで
- レモン…好みで

1. 鶏肉を叩いて薄く伸ばし、ハサミで棒状に切る。Ⓐをよーくもみこみ、片栗粉をまぶす。

2. 小さいフライパンに油を熱し、柴犬色になるまで揚げる。キッチンペーパーで油を切る。

鶏むねは節約したいからじゃなくウマいから食うんです

point 火を入れすぎたら固くなるから、白っぽい柴犬色くらいでOK

32

本当に美味しいピーマンの炒め方教えます タロもなき豚ピー

材料〈1〜2人前〉

- 豚バラ肉（4cm幅）…150g
  （塩胡椒を振っておく）
- ピーマン（縦に4等分）…4〜5こ（160g）
- ごま油…小さじ2
- **Ⓐ** オイスターソース…小さじ1
  醤油…小さじ1
  味の素…2振り
- 〈仕上げ〉
- 黒胡椒…好みで

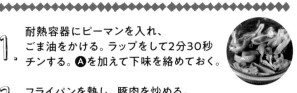

1. 耐熱容器にピーマンを入れ、ごま油をかける。ラップをして2分30秒チンする。Ⓐを加えて下味を絡めておく。

2. フライパンを熱し、豚肉を炒める。❶を加え、サッと炒める。

point 炒める前に「油でチン」で、素材の甘みを引き出す＆ベシャベシャにならない

特別な食材や道具を使わなくても
工夫次第でウマいもんは作れる好例です

友達が「これ異常にウマいんだけどなんで?」と聞いてくる

名もなき長芋豚巻き

材料〈1〜2人前〉

- 長芋…150〜200g
- 豚バラ肉(2等分)…200g
- Ⓐ アジシオ…好みで
  黒胡椒…好みで
- バター…10g
  〈食べるとき〉
- レモン…1切れ

1. 長芋を皮のまま直火で軽く焼き、
   ひげ根を燃やす。(フライパンで軽く焼いてもOK)
   豚肉の幅の長さになるよう棒状に切る。

2. 豚肉で❶を巻き、Ⓐを両面に振る。
   フライパンにバターを熱し、焼き目がつくまで焼く。

point 長芋は生で食えるので、豚肉に火が通っていればOK

アジシオはうま味がついた塩なので、食材の表面に
振るとひと口目にうま味が爆発するという設計

最強のバラ焼き

いつもの味に飽きたら
カレー粉入れてみ

材料〈1〜2人前〉

- 豚バラ肉(4cm幅)…220g
  (塩胡椒を振っておく)
- たまねぎ(薄切り)…1/4こ(60g)
- キャベツ(千切り)…100g
- Ⓐ にんにく(おろし)…1かけ
  - 砂糖…小さじ1
  - 醤油…小さじ1
  - ごま油…小さじ1
  - みりん…小さじ2
  - 酒…小さじ2
  - 味噌…小さじ2
  - オイスターソース…小さじ2
  - 味の素…3振り
  - カレー粉…小さじ1/4

1. Ⓐをよく混ぜておく。

2. フライパンを熱し、豚肉とたまねぎを炒める。
   ❶を加え、さらに炒める。

3. 器にキャベツを盛り、❷をのせる。

point カレー粉を入れすぎるとカレー味になるので気をつけて

むしろキャベツ食うために
考えた肉料理

フライパン蒸し豚

ほったらかしで
作れるから絶対やって

材料〈2～3人前〉

A 豚バラブロック肉（2等分）…450g
　（小さじ1の塩をすりこんでおく）
　長ねぎ…青い部分
　（包丁の背で叩いておく）
　しょうが（スライス）…10g
● 酒…大さじ1
〈タレ〉
B 長ねぎ（みじん）…20g
　醤油…大さじ2
　酢…大さじ2
　ごま油…大さじ1
　味の素…6振り

1. 耐熱の皿に **A** をのせ、酒を振る。

2. 大きいフライパンにキッチンペーパーを2枚
重ねて敷き、その上に **1** の皿を置く。
皿が浸らない程度にフライパンに水（分量外）を
張る。フタをして、弱めの中火で35～40分蒸す。
（水がなくなりそうだったら足す）

3. **2** をスライスし、混ぜ合わせた **B** につけて食べる。

point　蒸し汁に塩1つまみ混ぜたのにつけて食ってもウマい

なんでかわからんけど
モッチモチです

なぜいままでバターを入れなかったのか

すきやきバターひき肉じゃが

材料〈1～2人前〉

- 合びき肉…160g（塩胡椒を振っておく）
- Ⓐ じゃがいも（一口大）…皮をむいて280g
- 水…100cc
- 醤油…大さじ1と1/2
- みりん…大さじ1
- 酒…大さじ1
- オイスターソース…大さじ1/2
- 砂糖…小さじ2
- 味の素…4振り
- Ⓑ バター…10g
- 黒胡椒…好みで

1. フライパンを熱し、ひき肉を炒める。Ⓐを加えて一度沸かす。弱めの中火にし、フタをして15分煮込む。

2. 強火にし、水分を軽く飛ばす。Ⓑを加えて混ぜ合わせる。

じゃがいも小さめに切ったら
丼の具にもなりやす

point もちろんほかの野菜加えてもOKす

野菜を一切入れない。
だから肉の旨みが際立つ

黄金肉春雨

材料〈1～2人前〉

- 春雨…乾燥した状態で40g
- 豚ひき肉…100g（塩胡椒を振っておく）
- Ⓐ にんにく（みじん）…5g
- しょうが（みじん）…5g
- Ⓑ 醤油…大さじ1
- 砂糖…小さじ1
- 酢…小さじ1
- オイスターソース…小さじ1
- 味の素…3振り
- 黒胡椒…好みで
- Ⓒ 水…180cc
- 酒…大さじ1
- ラード…小さじ2（なければサラダ油）

〈仕上げ〉
- ごま油…1まわし

1. フライパンにラードを熱し、豚肉に焼き目をつける。Ⓐを加えてサッと炒め、Ⓑを加える。

2. Ⓒを加え、強火にして一度沸かす。中火にし、春雨を加えて水分がなくなるまで煮込む。

炒め物ってすぐ野菜足したく
なるけどね、足すな

point ラードはスーパーにチューブのが売ってる

米泥棒鶏

ノリで応募したおかず
選手権で優秀賞獲った

材料〈2人前〉

- 鶏もも肉（一口大）
  …1枚（320g）
  （塩胡椒を振ってもんでおく）
- サラダ油…小さじ1

Ⓐ 長ねぎ（みじん）…80g
にんにく（おろし）…1かけ
鷹の爪（輪切り）…2本分
（辛いの苦手な人は入れない）
砂糖…大さじ2
（甘いの好きな人は足す）
水…大さじ4
醤油…大さじ4
酢…大さじ1
オイスターソース…大さじ1
ごま油…大さじ1
味の素…8振り

1. Ⓐを混ぜる。

2. フライパンに油を熱し、鶏肉をカリッと両面焼く。

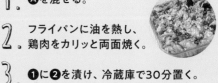

3. ❶に❷を漬け、冷蔵庫で30分置く。

point 酔った勢いで「キュアハイボール」ってネームで参戦したら

決勝まで残ってしまった

ちゃんとシンプルな料理も作れるんですよ

鶏のオイスタートマト煮込み

材料〈2~3人前〉

- 鶏もも肉（一口大）…350g
  （塩胡椒を振っておく）
- トマト（一口大）…2こ（360g）
- **A** にんにく（スライス）…2かけ
  鷹の爪（輪切り）…1本分
- **B** コンソメ…小さじ1と1/2
  オイスターソース…小さじ1/2
- オリーブ油…大さじ1
  〈仕上げ〉
- オレガノ（あれば）…好みで

1. フライパンに油を熱し、鶏肉を焼く。
   皮に焼き目がついたら**A**を加えて炒める。

2. トマトと**B**を加え、つぶしながら5分ほど煮込む。

point ピザ用チーズ入れたら満足感さらにアップ

大きいトマトのレシピって少ないよね
だから考えました

生ニラだれ鶏

ニラは薬味と
考えれば
めっちゃ使える

材料〈1～2人前〉

- 鶏もも肉（一口大）...1枚（320g）
- **Ⓐ** 塩胡椒...好みで
- 片栗粉...大さじ1と小さじ1
- 酒...大さじ1と小さじ1
- サラダ油...大さじ1と1/2

〈ニラだれ〉

- ニラ（小口切り）...1/2束（50g）
- 砂糖...大さじ1
- 醤油...大さじ2
- 酢...大さじ1
- ごま油...小さじ1
- 味の素...4振り

1. ニラだれの材料をよく混ぜておく。

2. 鶏肉に**Ⓐ**を振って、よーくもみこむ。

3. フライパンに油を熱し、**❷**を皮目から焼く。焼き目がついたら裏返し、火が通るまで焼く。器に移し、**❶**をかける。

point ニラはタレにしばらく漬けておくと辛味が抜けて◎

油淋鶏めんどくさいなーって
ときにもぜひ

いまから世界一ウマい
鶏ステーキ焼きます

鶏の昆布締め

材料〈1～2人前〉

- 鶏もも肉…1枚（350g）
- 塩…小さじ1/2弱（2.8g）
- 昆布…2枚
 （鶏肉を覆えるサイズ）
- 酒…数滴（昆布を湿らす程度）
- サラダ油…小さじ1
〈仕上げ〉
- レモン…1切れ

だから味が凝縮して
ウマい

1. 鶏肉の両面に塩を振る。昆布に酒を数滴たらして湿らせる。鶏肉に貼り、両面を昆布でサンドする。ラップに包んで3～6時間、冷蔵庫に置く。

2. 昆布をはがし、20秒チンして常温に戻す。

3. フライパンに油を熱し、鶏肉を皮目から入れ、ヘラで押し焼く。フタをして、表面が白くなってきたら裏返し、弱火にして火を通す。（昆布は食べやすい大きさに切り、鶏肉の隣で炒める）

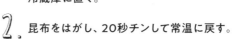

point セルかと思うくらい昆布が鶏肉の水分を吸い取る

白米のために考え抜いたソース

みそバターソースステーキ

材料〈1人前〉

- 牛ステーキ肉…1枚（塩胡椒を振っておく）
- 牛脂…1こ
- Ⓐ にんにく（おろし）…1/2かけ
  - みりん…大さじ1
  - 酒…大さじ1
  - 味噌…大さじ1
  - 砂糖…小さじ1
  - 味の素…3振り　　〈仕上げ〉
- バター…10g　　　・小ねぎ…好みで

焼き方は「至高のステーキ」の
やり方です

1. フライパンを熱し、牛脂を溶かす。
   強火で牛肉を1分半焼き、裏返して1分焼いて
   一度取り出す。（この時点ではまだレア）

2. 牛肉をアルミホイルに包み、
   その上からタオルでくるんで1〜2分置く。

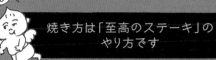

3. 空いたフライパンにⒶを入れて混ぜ、
   一度沸かす。❷の牛肉にかけ、バターをのせる。

point　薄めの外国産ステーキが食べやすくて白米に合います

サーモンでもマグロでもOK

刺身が100倍おいしくなる漬け

材料〈1人前〉

- サーモン（削ぎ切り）…120g

〈タレ〉
- 長ねぎ（みじん）…30g
- にんにく（おろし）…1/2かけ
- 鷹の爪（輪切り）…少々
- 砂糖…小さじ2/3
- 水…小さじ2
- 醤油…小さじ2
- 酢…小さじ1
- オイスターソース…小さじ1
- ごま油…小さじ1
- 味の素…3振り

1. タレの材料を混ぜ合わせる。

2. サーモンをバットに並べる。
❶をかけ、ラップをして冷蔵庫で少し冷やす。

丼にするときは卵黄のせて

point カツオとかイカなんかでもウマい

照り焼きと肩を並べるであろう新定番

レンジオリーブオイル蒸しブリ

チンッ！

材料〈1〜2人前〉

- ブリ…2切れ（小さじ1/3の塩を振っておく）
- Ⓐ 酒…小さじ1と1/2 / オリーブ油…小さじ1
- レモン…1切れ
- 粒マスタード…好みで

1. 耐熱容器にブリを入れ、Ⓐをかける。ラップをして2分30秒チンする。

2. レモンを絞り、粒マスタードをつけて食べる。

これ食う為にぜひ
粒マスタード買ってほしい

point 過熱しすぎると身がはじけるから様子見ながらやって

3

味も満足感も
すごいのに
太らない神レシピ

痩せるピザ、糖質ほぼゼロのおつまみ、
サラダが虚しくなくなるドレッシング。
なぜぼくがYouTubeであれだけ暴飲して太らないのか。
撮影のない日はこういうの食べてるからです。

このパンチ力で太らないの意味わかんない

至高のチリコンカン

材料〈2〜3人前〉

- 合びき肉…250g
  （塩胡椒を振っておく）
- Ⓐ にんにく（みじん）…2かけ
  たまねぎ（みじん）…1/2こ（120g）
- Ⓑ トマト缶…1缶（400g）
  ミックスビーンズ…220g
- Ⓒ コンソメ…小さじ2と1/2
  塩…小さじ1/3
  チリパウダー…小さじ2
  黒胡椒…好みで
- Ⓓ 水…150cc
  酒…50cc
- オリーブ油…大さじ1

1. フライパンに油を熱し、ひき肉に焼き目を
   つける。Ⓐを加えてさらに炒める。

2. Ⓑを加えてトマトをつぶす。Ⓒを加え、
   水分がほぼ飛ぶまで煮詰める。

3. Ⓓを加えてフタをし、5分ほど煮込む。

point 「チリパウダー」は辛味じゃなく香りを足す調味料

「チリペッパー」のほうは辛いです
間違わないようにね

地獄の湯豆腐

沸き立つ鍋つゆ、
溢れ出る汗、痩せる体

材料〈1～2人前〉

- 絹豆腐（サイコロ状）…300g
- 豚バラ肉（一口大）…100g
- **Ａ** にんにく（粗みじん）…1かけ
  豆板醤…小さじ2と1/2
- **Ｂ** 水…200cc
  酒…大さじ1
  砂糖…小さじ1/3
  醤油…小さじ1/2
  鶏がらスープの素…小さじ1と1/2
- サラダ油…大さじ1

1. 土鍋に油を熱し、**Ａ**を炒める。
香りが出たら**Ｂ**を加えて混ぜる。

2. 豆腐と豚肉を加えて、火が通るまで煮込む。

point 辛さは豆板醤で調節して

たまねぎとか長ねぎ
入れてもウマそう

グツ グツ グツ

カリッ

く・・・〇〇

超痩せ肉チヂミ

見た目はチヂミ。
でも低糖質で重くない

材料〈1人前〉

- 鶏むね肉...170g
- 大葉...5枚
- Ⓐ にんにく（おろし）…1/2かけ
  片栗粉…大さじ1
  酒…大さじ1/2
  白だし…小さじ1
  塩胡椒…好みで
- ごま油…小さじ2
〈タレ〉
- 砂糖…小さじ2/3
- 醤油…小さじ2
- 酢…小さじ1と1/2
- コチュジャン…小さじ2/3

1. 鶏肉を細かく切り、叩いて粗めのミンチにする。
大葉も加えてさらに叩く。

2. Ⓐを加えてよく混ぜる。

3. 小さいフライパンに油を熱し、
❷を平たく伸ばし入れて両面をカリッと焼く。
混ぜ合わせたタレにつけて食べる。

👁 **point** 片栗粉が入ってるから焼き上がりがカリッとします

チヂミとナゲットの
間みたいな感じ

糖質ほぼゼロとは思えない最強つまみ 無限しらたき

材料〈1～2人前〉

- しらたき（4等分）…200g
  （ぬるま湯で洗っておく）
- Ⓐ 酒…大さじ1
  醤油…小さじ1と1/2
  みりん…小さじ1
  塩…2つまみ
  味の素…4振り
- Ⓑ 明太子…1本（25～30g）
  （ほぐしておく）
  きゅうり（千切り）…1/2本（45g）
  かつおぶし…1g
- Ⓒ いりごま…好みで
  ラー油…好みで
- ごま油…大さじ1

1. フライパンに油を熱し、しらたきとⒶを入れて、強火で汁気がなくなるまで炒める。

2. 中火にし、Ⓑを加えてサッと炒め、Ⓒを回しかける。

point 油でしっかり炒めたら臭みゼロです

しらたきときゅうりの食感のバランスが最高す

さっぱり！

48

ウマッ！

ウマいし早いし
ボリュームも
出るし、一石三鳥

糸内豆ドレッシング

材料 〈つくりやすい分量〉

- 納豆…1パック（細かくきざんでおく）
- Ⓐ 付属のたれ…1つ
  付属のからし…1つ
  酢…大さじ1
  ヤマサこれ!うま!!つゆ…大さじ1
  （なければ白だし）
  ごま油…大さじ1
  黒胡椒…好みで

1. 納豆とⒶをよく混ぜ、好きな野菜にかけるだけ。

point 「これ!うま!!つゆ」はめんつゆと白だしの良いとこどり
買ったらいいと思う

オニオンスライスとか
大根サラダも合うと思う

ゆで時間1分で、しっとり痩せ飯

鶏むねのレモン漬け

材料〈2人前〉

- 鶏むね肉(薄く削ぎ切り)…320g
- レモン(イチョウ切り)…1/4こ
  （皮をよく洗っておく）
- **A** 塩胡椒…好みで
  片栗粉…大さじ1と小さじ1
  酒…大さじ1
- **B** 水…大さじ3
  ヤマサこれ!うま!!つゆ…大さじ3
  （なければ白だし）
- 黒胡椒…好みで

みんな鶏むね長い時間
ゆですぎかもしんない

1. 鶏肉に**A**を振り、よーくもみこむ。

2. 鍋に湯を沸かす。中火にし、**1**をくっつかないよう
1枚ずつ手早く落としたら、強火にして1分ゆでる。
ザルですくい、容器に移す。

3. レモンと**B**を加え、黒胡椒を振る。
冷凍庫で15〜20分冷やす。

point 黒胡椒たっぷり振るとパンチ効いて満足感増します

生地の代わりにささみを焼いた

ささみピザ

材料〈つくりやすい分量〉

- ささみ…3本（150g）
  （塩胡椒を振っておく）
- 好きなきのこ…50g
  （マッシュルーム、舞茸、エリンギなど）
- ピザ用チーズ…50g
- A にんにく（おろし）…ほんの少し
  ケチャップ…大さじ1と1/2　　〈仕上げ〉
  マヨネーズ…大さじ1　　　　 • オレガノ（あれば）
  コンソメ…小さじ1/4　　　　　　…好みで
  黒胡椒…好みで

1. ささみにラップをかけ、瓶で叩いて平らにする。（スジが気になる人は取る）

2. Aを混ぜ、❶に塗る。きのことチーズをのせ、トースターで10分焼く。

明太マヨとか塗っても
ウマいだろうなあ

point　白身魚でやってもピザっぽくなるかも

炒めてたら牛タンの匂いがします

ねぎ塩こんにゃく

材料〈つくりやすい分量〉

- こんにゃく…200g
- 鶏がらスープの素…小さじ1と1/2
- A 長ねぎ（みじん）…60g　　• アジシオ
  にんにく（みじん）…1かけ　　…好みで
  黒胡椒…好みで　　　　　　　• サラダ油
  ごま油…小さじ1と1/2　　　　…大さじ1/2

いた
ぷりッ

1. こんにゃくをスプーンでえぐり、食べやすい大きさにする。

2. フライパンにサラダ油を熱し、こんにゃくと鶏がらスープの素を入れて、よく炒める。Aを加えてさらに炒める。器に盛り、アジシオを振る。

目をつぶって食べたら肉です

point　しらたきでやったら塩焼きそばっぽくなるかも

ジャージャーもやし

ラーメンとかまぜそば
食いたくなったら

材料〈1～2人前〉

- もやし…200g
- Ⓐ 豚ひき肉…130g
  - （塩胡椒を振っておく）
  - にんにく（みじん）…1かけ
- Ⓑ 味噌…大さじ1
  - 砂糖…小さじ1/2
  - 醤油…小さじ1
  - 味の素…3振り
- Ⓒ 片栗粉…大さじ1
  - みりん…大さじ1
  - 酒…大さじ1
  - 水…大さじ3
- ごま油…小さじ2
- 〈仕上げ〉
- 小ねぎ…好みで

1. 耐熱容器にもやしを入れ、ラップをして
   2分30秒チンする。水気を切って器に移す。

2. フライパンに油を熱し、Ⓐを炒める。Ⓑを加えて混ぜる。

3. 弱火にし、混ぜ合わせたⒸを加えてとろみをつける。
   中火にし、一度沸かして火を止める。①にかける。

point もやしを炒めずチンしてるから、水分でべちゃべちゃになりません

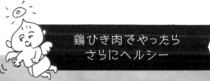

鶏ひき肉でやったら
さらにヘルシー

ジュ〜シ〜

悪魔の肉ズッキーニ

おれの
ズッキーニ
人生の中で
一番ウマい

材料〈つくりやすい分量〉

- 豚ひき肉…100g
- ズッキーニ…1本（180g）
- **Ⓐ** にんにく（おろし）…1かけ
  - パン粉…大さじ2
  - コンソメ…小さじ1弱
  - 塩…1つまみ
  - 黒胡椒…好みで
- ピザ用チーズ…30〜40g

〈仕上げ〉

- パセリ…好みで

1. ズッキーニを縦に切り、スプーンで中の果肉をくり抜く。果肉は細かくきざむ。

2. 豚肉・ズッキーニの果肉・Ⓐをよくこねる。くり抜いたズッキーニに詰め、チーズをのせる。

3. トースターの天板にクッキングシート（アルミホイル）を敷き、❷を15〜20分焼く。

point かんたんなのに料理上手に見えるおもてなしレシピす

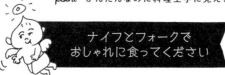

ナイフとフォークで
おしゃれに食ってください

野菜がたくさん
食べられる無限副菜

できるだけいろんな野菜を…ということで、
米泥棒になるピーマン、肉の代わりになる大根、
ポテサラに負けないたまねぎ料理。
「副菜」という名前が似合わないインパクトです。

エンドレス！

あまい・にがい・からいの無限連鎖 飯泥棒 ピーマン味噌

材料〈つくりやすい分量〉

- ピーマン（角切り）…3こ（130g）
- Ⓐ かつおぶし…3g
  みりん…大さじ1
  酒…大さじ1
  味噌…大さじ1
  味の素…2振り
  七味…好みで
- いりごま…好みで
- ごま油…大さじ1

1. フライパンに油を熱し、ピーマンをサッと炒める。
Ⓐを加え、さらに炒める。

2. いりごまを振る。

point ピーマンの苦さのおかげで、口の中がまったく飽きない

瓶詰めにして売ったら
即完売だと思う

あの「無限キャベツ」の5倍ウマい和風コールスロー

○°○°・無限キャベツ

材料〈つくりやすい分量〉

- キャベツ（千切り）…1/4こ（250g）
- 塩…小さじ1/2
- ベーコン（千切り）…40g
- Ⓐ にんにく（おろし）…1/2かけ
  かつおぶし…2g
  マヨネーズ…大さじ2
  すりごま…小さじ2
  味の素…3振り
  黒胡椒…好みで

1. キャベツに塩を振ってよーくもみこむ。10分置いたら、キャベツの水分を限界まで絞る。

2. フライパンを熱し、ベーコンを炒める。

3. ❶のキャベツに❷のベーコンとⒶを加え、よく混ぜる。

point キャベツは少し幅広の千切りがウマい

味変で、からしつけたらメガ進化

おかずになる大根、食ったことありますか？

至高の大根ステーキ

材料〈2人前〉

- 大根（厚さ1cmの輪切り）…350g
- にんにく（スライス）…3かけ
- 塩胡椒…好みで
- オリーブ油…小さじ2

〈タレ〉

A┃醤油…大さじ1
　┃みりん…大さじ1
　┃酒…大さじ1
　┃オイスターソース…小さじ1
　┃味の素…5振り

- バター…10g

〈仕上げ〉

- 黒胡椒…好みで

1. 大根の両面に「＊」の形に切り込みを入れ、ラップをして6分チンする。

2. フライパンに油を熱し、弱火でにんにくを炒める。柴犬色のガーリックチップになったら一度取り出す。残った油で①の大根を焼き、焦げ目をつける。裏返したら塩胡椒を振り、フタをして、もう片面にも焦げ目がつくまで蒸し焼きにする。

3. **A**を加え、水分がほぼなくなるまで煮詰めたら、バターを加えて溶かす。②のガーリックチップをのせる。

point 大根の皮は炒めてキンピラにして

余った大根はこれで
消費してください

トマトの宝石漬け

20年ミニトマト食ってない奴が食えた

材料〈つくりやすい分量〉

- ミニトマト…2パック（350～400g）
- Ⓐ 水…大さじ3
  - ヤマサこれ!うま!!つゆ…大さじ3（なければ白だし）
  - 酢…小さじ1
  - 柚子胡椒…6cm

1. 鍋に湯を沸かし、ミニトマトを30秒ゆでる。流水で冷やしたら、ぶどうのように指で皮をむく。
  （つまようじで線を入れるとむきやすい）

2. ビニール袋に❶とⒶを入れる。空気を抜いて、冷蔵庫で1～3時間置く。

point この漬け汁でそうめん食ったら絶対ウマい

皮の「プチッ」感がないから
食えるのかもしんない

飯泥棒みょうが

その辺の植え込みにみょうが生やしたくなる

材料〈つくりやすい分量〉

- みょうが（千切り）…3こ（60g）
- にんにく（おろし）…少々
- 醤油…小さじ1/2
- 味噌…小さじ1
- ごま油…小さじ1
- 砂糖…1つまみ
- 一味唐辛子…3振り
  （辛いの苦手な人は入れない）
- 味の素…3振り

1. 材料をすべて混ぜ合わせるだけ。

point 火すら使わなくていいからめっちゃラク

これだけで米2合くらい
盗まれます

甘酸っぱいシャキシャキ

無限たまねぎ

材料〈つくりやすい分量〉

- たまねぎ（薄切り）…1こ（220g）
- **Ⓐ** ツナ缶…1缶
- 醤油…大さじ1
- 酢…大さじ1
- 砂糖…小さじ1/2
- 塩…小さじ1/4
- 味の素…5振り
- 黒胡椒…好みで

1. たまねぎを水に30分さらしたら、水分を限界まで絞り切る。

2. Ⓐと混ぜ合わせるだけ。

point たまねぎの代わりにキュウリとかにんじんでもたぶんウマい

ポテサラの対抗馬として立候補できる副菜

昆布茶は調味料です

長芋のわさび昆布茶漬け

材料〈1～2人前〉

- 長芋（半月切り）…200g
- **Ⓐ** 昆布茶…小さじ2
- わさび…5cm
- **Ⓑ** きざみ海苔…好みで
- 小ねぎ…好みで

1. 長芋とⒶを和える。器に移してⒷを振る。

point 長芋は厚めに切ったほうがサクサクしてウマいかな

むずかしく考えるな調味料に頼ればいい

ジャガボナーラ

むしろパスタより
じゃがいもが正解

材料〈2人前〉

- じゃがいも（一口大）…皮をむいて250g
- Ⓐ ベーコン（細切り）…35g
  にんにく（みじん）…1かけ
- コンソメ…小さじ1
- 卵…1こ（溶いておく）
- ピザ用チーズ…35g
- バター…10g

〈仕上げ〉
- 黒胡椒…好みで

1. 耐熱容器にじゃがいもを入れ、
   ラップをして5分チンする。

2. 小さいフライパンにバターを熱し、Ⓐを炒める。
   ❶とコンソメを加え、さらに炒める。火を止め、
   フライパンを十数秒だけ冷ます。

3. 溶き卵とチーズを加える。
   余熱で半熟になるまでよく混ぜる。

ふざけてるのはレシピ名だけです
味は保証します

point 火を止めて卵入れないと
ボソボソになっちゃいます

ジャン・ジャガイモ！

ほくサクッ

冷凍里芋で皮むき不要! 里芋のまんまる唐揚げ

材料 〈つくりやすい分量〉

- 冷凍里芋…280g
- Ⓐ にんにく（おろし）…1/2かけ
  - 醤油…大さじ2
  - みりん…小さじ2
  - 酒…小さじ1
  - 黒胡椒…好みで
  - 味の素…6振り
- 〈揚げるとき〉
- 片栗粉…適量
- サラダ油…底から1cm
- 〈仕上げ〉
- 塩胡椒…好みで
- レモン…1切れ

1. 耐熱容器に里芋を入れ、ラップをして6分チンする。
   出てきた水分は捨てる。
   Ⓐを加えて絡め、途中混ぜながら常温で20分置く。

2. ❶に片栗粉をまぶす。小さいフライパンに油を熱し、
   柴犬色になるまで揚げる。

point 里芋には火が通ってるから衣が揚がればOK

外はザクザク、中はホクホク

ザクザクオクラ

金スマで中居くんに「ウマい」と言わせた

材料〈つくりやすい分量〉

- オクラ…140g（1~2袋）
- Ⓐ 片栗粉…15g
  薄力粉…15g
  鶏がらスープの素…小さじ1
  ガーリックパウダー…小さじ1/3
  （すげえウマいから絶対買って）
  黒胡椒…好みで
  サラダ油①…小さじ1
  炭酸水（水）…大さじ2と1/2

〈揚げるとき〉
- サラダ油②…底から1cm

〈仕上げ〉
- アジシオ…好みで
- レモン…1切れ

1. オクラのヘタを切り、2等分する。
   ボウルに移し、Ⓐとよく混ぜる。

2. 小さいフライパンに油を熱し、
   柴犬色になるまで揚げるだけ。

point この配合でほかの野菜揚げても、だいたい無限に食える

こないだアジシオとガーリックパウダーで
おにぎり握ったら悪魔でした

最強つまみ!!

やみつき蒸茄子

材料〈2人前〉

- Ⓐ ナス（縦長に8等分）…2本（160g）
  にんにく（みじん）…1かけ
- Ⓑ 醤油…大さじ1
  砂糖…小さじ2/3
  酢…小さじ1と1/2
  オイスターソース…小さじ1
  味の素…3振り
- ごま油…1まわし
- 小ねぎ…好みで

1. 耐熱皿にナスを並べ、にんにくをのせる。ラップをして4分チンする。

2. Ⓑをよく混ぜ、❶にかける。小ねぎをのせ、ごま油を回しかける。

point　辛いのが好きな人は、タレに鷹の爪入れて

「レンジ」も立派な「蒸し器」です

酒も米も一瞬で
消滅するコリコリ ヤンニョムえのき

材料〈つくりやすい分量〉

- えのき…200g（ほぐしておく）
- Ⓐ にんにく（おろし）…1かけ
  ケチャップ…大さじ1/2
  コチュジャン…大さじ1
  酒…大さじ1
  豆板醤…小さじ1/3
  （辛いの苦手な人は入れない）
  味の素…3振り
  黒胡椒…好みで　　　〈仕上げ〉
- ごま油…大さじ1　　　• いりごま…好みで

1. フライパンに油を熱し、えのきを炒める。

2. 弱火にし、Ⓐを加えてサッと炒める。

ヤンニョムチキンのタレで
きのこ炒めました

point　味変で酢をかけたらウマい

余は花風サラダ

野菜を義務感で
食べてる奴に
教えてやってくれ

材料〈1～2人前〉

〈ドレッシング〉
Ⓐにんにく（おろし）…1かけ
醤油…大さじ1と1/2
米油…大さじ1と1/2（なければサラダ油）
ごま油…小さじ2
塩…1つまみ
いりごま…2つまみ
味の素…7振り

〈サラダ〉
● レタス…170g
● きゅうり…60g
● 長ねぎ…25g

〈トッピング〉
● 海苔…好みで

1. 耐熱容器にⒶを入れて混ぜる。40秒チンして、さらによく混ぜる。

2. きゅうりと長ねぎは縦長に半分に切ってから、斜めに薄切り。レタスはちぎって、長ねぎといっしょに氷水に浸す。ザルにあけ、キッチンペーパーでしっかり水気をとる。

3. ❷を器に盛り、❶をかけ、海苔をちぎる。

point ツナとかタコみたいな海鮮足してもウマい

リュウジママはみんなに
野菜を食べてほしいのよ

ひと口目はだしの味。
あとから極悪の辛さ

地獄の白菜

材料〈つくりやすい分量〉

- 白菜（細切り）…350g
- **Ⓐ** 豆板醤…大さじ1
- 塩…小さじ1/5
- 味の素…5振り
- かつおぶし…3g
- ごま油…大さじ1

1. フライパンに油を熱し、白菜を炒める。Ⓐを加えてサッと炒めるだけ。

point 辛いの苦手な人は作んないで

作ってるときも地獄
めっちゃくしゃみ出る

煮卵作るのめんどくさい
意識低い系の皆様へ

焼き煮卵

材料〈1人前〉

- 卵…2こ
- **Ⓐ** ヤマサこれ!うま!!つゆ…大さじ1と1/2
- （なければ白だし）
- 水…大さじ1
- サラダ油…小さじ1と1/2

1. フライパンに油を熱し、卵を割り入れる。Ⓐを加えてヘラでまとめながら、白身が固まったら裏返す。

2. 弱火にし、黄身が少し固まったら火を止め、器に移す。残ったタレを軽く煮詰めて卵にかける。

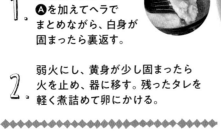

5分で味染みるから
朝ごはんにもどうぞ

point ごはんにのせて食ったら、立派な丼です

タルタルちくわ

ちくわはきゅうりを
刺して食うだけじゃない

材料〈つくりやすい分量〉

- ちくわ（薄めに輪切り）…100g
- 卵…2こ
- たまねぎ（みじん）…50g
- Ⓐ マヨネーズ…大さじ2と1/2
  - ケチャップ…大さじ1/2
  - 塩…小さじ1/5
  - 酢…小さじ1/2
  - 味の素…3振り
  - 黒胡椒…好みで
- 〈仕上げ〉
- パセリ…少々

1. 大きめの耐熱容器に卵を割り入れ、黄身を軽くつぶす。ラップをして2分チンする。卵をヘラできざむ。

2. ちくわ・たまねぎ・Ⓐを加え、よく混ぜる。

point ❶の工程が、ゆで卵作らずに爆速でタルタルにする方法です

いつかコンビニで
販売されそう

タンパク質！

ニラ玉でもかに玉でもない第三の玉 キム玉

材料〈1〜2人前〉

- キムチ…100g（ハサミできざんでおく）
- 卵…3こ
- Ⓐ 塩…小さじ1/4
- 味の素…4振り
- 黒胡椒…好みで
- サラダ油①…小さじ1
- サラダ油②…小さじ2
- ごま油…小さじ2

国産の甘めの
キムチが合います

1. 卵を溶き、Ⓐを加えて混ぜる。

2. 小さいフライパンにサラダ油①を熱し、キムチを炒めて水分を飛ばす。❶の卵液に入れる。

3. フライパンを一度拭く。サラダ油②とごま油を強火で高温に熱し、❷を流し入れる。卵がフワッと半熟になるので、そこから十数秒だけ鍋底からサッとかき混ぜる。

point 高温で卵液を炒めるのがポイントです。フワッと半熟になります

5

ひと皿で大満足
丼・炒飯・
カレー・炊き込み

材料1つで作れる丼、反則の方法で作るチャーハン、
いつものやつに飽きたら試してほしい斬新カレー。
「この手があったか!」の驚きとともに、
かならず「ウマい!」を保証します。

!?

クセになる！

炒めたトマトが トロトロのソースになる 焼きトマト丼

材料〈1人前〉

- ●ごはん…好みで
- Ⓐ合びき肉…90g
  （塩胡椒を振っておく）
  にんにく（みじん）…1かけ
- Ⓑケチャップ…大さじ1
  コンソメ…小さじ1/2
  カレー粉…小さじ1/3
  ウスターソース…小さじ1
- ●トマト（一口大）…1こ（150g）
- ●塩胡椒…強め
- ●オリーブ油…小さじ2

1. フライパンを熱し、Ⓐにしっかり焼き目をつける。
   Ⓑを加え、ケチャップが具材にしっかり
   まとわりつくまで炒める。一度取り出す。

2. 空いたフライパンに油を熱し、トマトを入れ、
   塩胡椒を強めに振って軽く炒める。

3. 器にごはんを盛り、❶をかけ、❷をのせる。

point トマトにしっかり塩胡椒振るのがポイントす

限界まで材料を削った
タコライスです

家にたまねぎしかなくても作れるごちそう
新たまねぎステ〜キ丼

材料〈1人前〉

- ごはん…好みで
- Ⓐ きざみ海苔…たっぷり
- かつおぶし…たっぷり
- たまねぎ（輪切り）…1こ（180g）
- 塩胡椒…好みで
- ヤマサこれ!うま!!つゆ…大さじ1
  （なければ白だし）
- バター…10g

〈仕上げ〉

- 黒胡椒…好みで
- 小ねぎ…好みで

1. フライパンにバターを熱し、たまねぎを並べる。塩胡椒を振って、じっくり焼く。柔らかくなったら、これ!うま!!つゆを加え、軽く煮詰める。

2. 丼にごはんを盛り、Ⓐをたっぷりと敷き、❶をのせる。

point　新たまの時期が一番ウマいけど、それ以外でも十分ウマい

大輪のお花に見える
ように盛り付けました

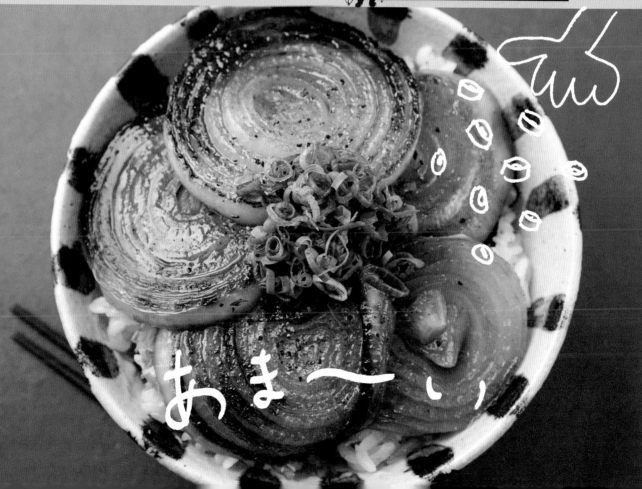

あま〜い

肉よりウマい
「軸」がうめえ

しいたけ丼

材料〈1人前〉

- ごはん…好みで
- Ⓐ しいたけ(薄切り)…4こ(100g)
  (軸も薄切りにしておく)
  にんにく(みじん)…1かけ
- Ⓑ オイスターソース…大さじ1
  砂糖…小さじ1/2
  醤油…小さじ1
  酒…小さじ1
  黒胡椒…好みで
- ごま油…大さじ1

1. フライパンに油を熱し、Ⓐを炒める。

2. Ⓑを加えて混ぜる。丼にごはんを盛り、❶をのせる。

point 味変でラー油かけたら悪魔感増します

軸の歯応えが肉っぽくて
めっちゃ白米食える

悪魔のピーマン丼

苦味を消して甘さを
引き出す技法

材料〈つくりやすい分量〉

- ごはん…好みで
- ピーマン（一口大）…3こ（100g）
- A 味噌…大さじ1/2
  醤油…大さじ1/2
  みりん…大さじ1
  味の素…4振り
  黒胡椒…好みで
- バター…10g
- 卵黄…1こ

1. 耐熱容器にピーマンを入れ、ラップをして2分30秒チンする。

2. フライパンにバターを熱し、❶を入れ、しっかり焦げ目をつける。Aを加えて混ぜ、軽く煮詰める。丼にごはんを盛り、ピーマンをのせる。最後に卵黄を落とす。

point 濃い目だから、卵黄をのせない場合は調味料減らして

おれピーマン嫌いだけど
これは食える

夏を生き延びる オクラめし

オクラで作る
とろろごはん
って感じ

材料〈1人前〉

- ごはん…好みで
- オクラ…4本（40g）
- 卵黄…1つ
- A 醤油…大さじ1
  砂糖…小さじ1/2
  酢…小さじ1
  味の素…3振り
  かつおぶし…2g
- ラー油…好みで
  〈ゆでるとき〉
- 水…1L
- 塩…10g

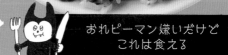

ネバトロ
さっぱり

1. 鍋に塩水を沸かし、オクラを1分ゆでる。ザルにあけて小口切りにし、Aと混ぜ合わせる。

2. 器にごはんを盛り、❶をかける。卵黄をのせて、ラー油を回しかける。

point オクラはレンジで加熱してもいいけど、ゆでたほうがウマい

夏バテしたら
これ流し込んで生きて

ウマ すぎ！

むしろ卵が邪魔になる 至高のチキンライス

材料 〈1人前〉

- ごはん…200g
- 鶏もも肉（細かくきざむ）…120g
  （塩胡椒を振っておく）
- **A** たまねぎ（みじん）…1/4こ（60g）
  好きなきのこ（ほぐす）…50g
- **B** ケチャップ…大さじ4
  中濃ソース…小さじ2
  味の素…3振り
- **C** ピーマン（千切り）…1こ（30g）
  にんにく（おろし）…1/2かけ
  （入れなくてもいい）
  黒胡椒…好みで
- バター…10g

1. フライパンにバターを熱し、鶏肉に焦げ目をつける。**A** を加えて炒める。

2. **B** を加え、ケチャップが具材にしっかりまとわりつくまで炒める。

3. ごはんを加えて全体が混ざったら、**C** を加えてサッと炒める。

point ピーマン後入れで、色・香り・食感が際立ちます

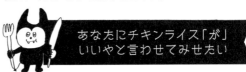
あなたにチキンライス「が」いいやと言わせてみせたい

エビシューマイで高級海鮮炒飯

反則の海老チャーハン

材料〈1人前〉

- ごはん…200g
- エビシューマイ（市販）…6こ
- 卵…2こ（溶いておく）
- 長ねぎ（みじん）…40g
- しょうが（みじん）…5g
- **Ⓐ** オイスターソース…大さじ1/2
  - 塩…小さじ1/3
  - 味の素…7振り
  - 塩胡椒…好みで
- **Ⓑ** 酒…大さじ1
  - ごま油…小さじ1
- ラード…大さじ1（なければサラダ油）

〈トッピング〉

- 紅しょうが…好みで

1. エビシューマイを表示の時間通りチンして、細かくきざむ。

2. フライパンにラードを熱し、強火でしょうがを炒める。❶のエビシューマイ・卵・ごはんと順に加えて手早く炒める。Ⓐを加え、全体がパラっとするまでほぐす。

3. 長ねぎとⒷを加えてサッと炒める。器に盛り、紅しょうがを添える。

point ふつうのエビで作るより、むしろエビの香りが広がります

反則じゃない
これが新しい常識です

赤チャーハン

麻婆豆腐味の
チャーハンす

材料〈1人前〉

- ごはん…200g
- 豚バラ肉（粗みじん）
  …80g（塩胡椒を振っておく）
- 卵…2こ（溶いておく）
- 豆板醤…小さじ2と1/2
- みりん…大さじ1
- ラード…小さじ4
  （なければサラダ油）

Ⓐ 長ねぎ…40g
　醤油…小さじ1
　オイスターソース
　…小さじ1
　塩…1つまみ
　味の素…9振り

1. フライパンにラードを熱し、強火で豚肉を炒める。
豆板醤を加え、サッと炒める。

2. 卵・ごはんと順に加えて手早く炒める。
Ⓐを加え、全体がパラっとするまで
ほぐす。みりんを加えてサッと炒める。

youki（ユウキ）の豆板醤が
すっごい赤く染まる

point 辛いの苦手な人は作んないで

自由軒風カレー

大阪名物、ルーに
ごはん混ぜて生卵

濃厚

材料〈1人前〉

- ごはん…200g
- 卵黄…1こ

Ⓐ 豚ひき肉…60g
　たまねぎ（みじん）…60g
Ⓑ ケチャップ…大さじ1/2
　砂糖…小さじ1/2
　コンソメ…小さじ2/3
　ウスターソース…小さじ1

Ⓒ 水…200cc
　カレールー…25g
　（細かくきざんでおく）
　一味唐辛子…小さじ1/3
　（辛いの苦手な人は入れない）
　黒胡椒…好みで
- ラード…大さじ1（なければサラダ油）

1. フライパンにラードを熱し、Ⓐを炒める。Ⓑを加え、
ケチャップが具材にしっかりまとわりつくまで炒める。

2. Ⓒを入れたら一度沸かし、中火でとろみが
つくまで煮詰める。ごはんを加えて混ぜる。
器に移し、卵黄をのせる。

日本で最初にカレーに
卵のせたのが自由軒らしいす

point 「卵白はどうするの？」ぼくは飲んでます良質なタンパク質

生にんにくと長ねぎをトッピング

本当においしい台湾カレー

材料〈1人前〉

- ごはん…好みで
- Ⓐ 豚ひき肉…200g（塩胡椒を振っておく）
- たまねぎ（みじん）…1/4こ（60g）
- Ⓑ 砂糖…小さじ2と1/2
- 鶏がらスープの素…小さじ1
- 豆板醤…小さじ1
- （辛いの苦手な人は減らす）
- 醤油…小さじ1
- Ⓒ 水…350cc
- 酒…大さじ2
- カレールー…2かけ
- 五香粉…少々
- サラダ油…大さじ1/2
- 〈トッピング〉
- 卵黄…1こ
- 長ねぎ（みじん）…20〜30cm
- にんにく（みじん）…1かけ

1. フライパンに油を熱し、Ⓐを炒める。Ⓑを加えてサッと炒める。

2. Ⓒを加えて一度沸かす。弱火にし、カレールーを溶かし入れたら、中火でとろみが出るまで煮詰める。

3. 器にごはんを盛り、2をかける。五香粉を振り、トッピングをのせる。

point 五香粉が台湾そのものだから絶対買って

台湾まぜそばにインスパイアされてカレーにしました

你好咖喱！

とろ〜り

肉だけの中華丼が
むしろウマかった **むね肉かけ丼**

材料〈1人前〉

- ごはん…好みで
- 鶏むね肉（細切り）…100g
  （塩胡椒を振っておく）
- Ⓐ 水…100cc
  砂糖…小さじ1/2
  鶏がらスープの素…小さじ2/3
  醤油…小さじ1
  オイスターソース…小さじ1
  ごま油…小さじ1
  片栗粉…大さじ1/2
  黒胡椒…好みで
〈仕上げ〉
- 小ねぎ…好みで

1. フライパンにⒶを入れて混ぜ、一度沸かす。
中火にし、鶏肉を加えて混ぜながら軽く煮込む。

2. 丼にごはんを盛り、❶をかける。

point 好きな野菜足してもらっても、もちろんOKす

豚バラとかカニカマでも
たぶんウマい

外はカリッ、中はトロッの両面焼き フライドエッグ丼

材料〈つくりやすい分量〉

- ごはん…好みで
- 卵…1こ
- きざみ海苔…好みで
- Ⓐ醤油…大さじ1強
- みりん…大さじ1
- 酒…大さじ1/2
- 味の素…3振り
- 黒胡椒…好みで
- バター…5g

サクウマッ！

1. フライパンにバターを熱し、卵を割り入れる。白身がカリッとなったら裏返す。Ⓐを加え、軽く煮詰めたら火を止める。

2. 丼にごはんを盛り、きざみ海苔を敷く。❶の卵をのせて、タレをかけ、黒胡椒を振る。

point 黒胡椒をたっぷり振るのがジャスティス！

すごいよね 醤油とみりんと酒って

なぜか「悪魔崇拝者」だと言われたので作りました 悪魔のプロビデンス丼

材料〈1人前〉

- ごはん…好みで
- Ⓐ動物のひき肉（豚）…100g（塩胡椒を振っておく）
- たまねぎ（薄切り）…50g（1/4こ）
- Ⓑ醤油…小さじ2
- オイスターソース…小さじ1
- 砂糖…大さじ1/2
- 悪魔崇拝者の素（味の素）…3振り
- 卵…1こ
- ピザ用チーズ…35g
- サラダ油…小さじ1

〈仕上げ〉
- 黒胡椒…好みで
- 紅しょうが…好みで

ん！

1. フライパンに油を熱し、Ⓐを炒める。Ⓑを加えてさらに炒める。

2. 卵を落とし、チーズを加えてフタをする。半熟になったら、ごはんにのせる。

point 生卵を「プロビデンスの目」に見立ててます

注：当たり前ですが、味の素は悪魔崇拝者の素ではありません

大盛りでっ！

とち狂って
いっしょに炊いたら
ウマかった

豚キムチの炊き込みごはん

材料〈2合分〉

- 米…2合
- Ⓐ 酒…大さじ1
  ヤマサこれ!うま!!つゆ…大さじ2
  （なければ白だし）
  塩…1つまみ

〈豚キムチ〉
- 豚バラ肉（3cm幅）…200g
- キムチ…200g（国産のが甘くてオススメ）
- にんにく（スライス）…1〜2かけ
- ごま油…大さじ1

卵黄のせて卵かけごはん
みたいにしたら覚醒

1. 炊飯器に米とⒶを入れ、水（分量外）を2合の線の
   気持ち下まで加える。冷蔵庫で吸水させる。

2. フライパンに油を熱し、強火で豚肉と
   にんにくを炒める。キムチを加え、
   水分がほぼなくなるまで炒める。

3. ❶の釜に❷を加える。炊飯する。

point これがウマいということは、しょうが焼きとか
炊き込んでもウマいのでは

6

火すら使わない
ササっとひとり飯

遅くなった仕事帰り、家族がいない日の昼食、
時間をかけたくないのはわかるけど、
自分のためにこそウマいもん食べてもらいたい。
そんなあなたのために考えました。

6分30秒!!

レンジ「だから」たどりついた最高の丼 蒸し鶏丼

材料〈1人前〉

- ごはん…好みで
- 鶏もも肉…1/2枚(150g)
  （塩胡椒を振っておく）
- 〈タレ〉
- Ⓐ 長ねぎ(みじん)…25g
  - 醤油…大さじ1/2
  - 酢…小さじ2
  - 豆板醤…小さじ1/2
  （辛いの苦手な人は入れない）
  - 味の素…3振り

1. 耐熱容器に鶏肉を入れ、ラップをして3分30秒チンする。そのまま3分放置し、余熱で火を通す。出てきた蒸し汁は残しておく。

2. 丼にごはんを盛り、❶の鶏肉を食べやすく切ってのせる。蒸し汁とⒶを混ぜたタレをかける。

point レンジで蒸すから鶏肉のうま味が一切逃げません

これを家帰って10分以内に
作れるってすごくないですか？

究極のアボカド丼

2分で作れるのに
超栄養価高い

材料〈1人前〉

- ごはん…好みで
- アボカド（イチョウ切り）…1こ
- Ⓐ ツナ缶…1/2缶
  - 砂糖…小さじ1/2
  - 塩…小さじ1/4
  - 醤油…小さじ1
  - マヨネーズ…大さじ1と小さじ1弱
  - 味の素…5振り
  - わさび…5cm
- きざみ海苔…たっぷり

1. アボカドとⒶをよく混ぜる。

2. 器にごはんを盛り、海苔を敷く。❶をのせる。

point 味変で醤油たらしてもウマい

サラダにもおつまみにも
パンの具にもなる

最強ペア!!

4枚の薄いハムを
ごちそうに変える魔法

ヤバすぎるハム丼

材料〈1人前〉

- ごはん…200g
- ハム（4等分）…4枚（50g）

〈タレ〉

Ⓐ たまねぎ（みじん）…50g
　鷹の爪（輪切り）…少々
　砂糖…大さじ1/2
　醤油…大さじ1
　酢…大さじ1/2
　ごま油…大さじ1/2
　味の素…4振り

〈仕上げ〉

- 小ねぎ…好みで

1. Ⓐをよく混ぜる。

2. ごはんを器に盛り、ハムを並べてⒶをかけるだけ。

point ハムをサラダチキンとか
カニカマにしてもウマい

がんばることも大事だけど
がんばらないことも大事ですよ

コンビーフの脂をわさびの爽やかさが包む

わさびバターコンビーフ丼

わさびの力！

材料〈1人前〉

- ごはん…好みで
- コンビーフ…1/2缶（40g）
- バター…5g
- めんつゆ…小さじ2（三倍濃縮のもの）
- わさび…好みで

Ⓐ黒胡椒…好みで
　小ねぎ…たっぷり

1. コンビーフを30秒チンする。丼にごはんを盛り、コンビーフとバターをのせ、めんつゆをかける。

2. わさびをのせて、Ⓐを振る。

point 野菜欲しいなら、かいわれとかレタスのせても
ウマいと思う

ズボラめし？四六時中ずっと
カッコいい奴なんていないでしょ

悪魔のピザごはん

トーストを
ごはんに変えても
ウマかった

材料〈1人前〉

- ごはん…200g
- Ⓐ にんにく（おろし）…1/2かけ
- コンソメ…小さじ1
- バター…10g
- Ⓑ トマト（角切り）…1/2こ（80g）
- たまねぎ（薄切り）…30g
- ウインナー（輪切り）…50g
- ピーマン（輪切り）…30g
- ピザ用チーズ…50g
- オリーブ油…1まわし

〈仕上げ〉

- 黒胡椒…好みで
- オレガノ…好みで

1. 耐熱容器にごはんとⒶを入れて、よく混ぜる。Ⓑを順にのせ、オリーブ油を回しかける。

2. トースターで12分焼くだけ。

point トマトとウインナーを同じサイズ感で切るとかわいい

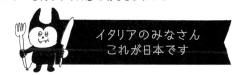

イタリアのみなさん
これが日本です

ピザ応用編

新技術！

至高のとろろ

水分を足さずに
だしを効かせるには

材料〈3〜4杯分〉

- ごはん…好みで

〈とろろ〉
- 長芋…400g（すりおろす）
- かつおぶし…4g
- Ⓐ 塩…小さじ1/3
  醤油…小さじ4
  砂糖…2つまみ
  味の素…8振り

〈仕上げ〉
- きざみ海苔…好みで

1. 耐熱容器にかつおぶしを入れ、40秒チンする。指でもんで粉にする。

2. 長芋・❶のかつお粉・Ⓐを混ぜる。茶碗にごはんを盛り、かける。

point 白だしで味つけてもいいけど、とろろがシャバシャバになっちゃう

味の素だから余計な水分を
加えずにうま味を足せます

戻し汁で米炊いて
わかめは後入れ

本当においしい わかめごはん

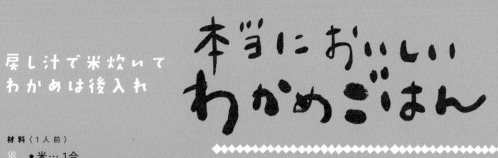

材料〈1人前〉

- 米…1合
- 乾燥わかめ…3g
- 水…150cc
- Ⓐ 白だし…大さじ1と1/2
  - 酒…大さじ1/2
  - みりん…大さじ1/2
- Ⓑ いりごま…小さじ2
  - 塩…1つまみ

懐かしくて思わず
泣きそうになる味

1. 150ccの水にわかめを5分浸して戻す。水分を限界まで絞り（戻し汁は捨てない）、粗めのみじん切りにする。

2. 炊飯器に米・Ⓐ・わかめの戻し汁（わかめ自体は入れない）を入れ、1合の線まで水（分量外）を足す。炊飯する。

3. 炊きあがったら、❶のわかめとⒷを加えて混ぜる。フタを閉じて数分蒸らす。

point お湯でわかめを戻すと粘り気が出るのでNG

もりもりイケる

安旨！

ケチ料理研究家が
考えた1杯68円

お釜渋り丼

材料〈1人前〉

- ごはん…好みで
- 絹豆腐…150g
- 塩昆布…3g
- Ⓐ 醤油…小さじ2
  ごま油…小さじ2
  味の素…2振り

1. ごはんの上に豆腐と塩昆布をのせる。
Ⓐをかけ、ぐしゃぐしゃに混ぜて食べる。

point 本当にケチなら、たぶんレシピを無料で公開なんてしてないす

ことの詳細は「リュウジ」
「ケチ」で検索

7

魅惑の新世界
アレンジ麺類

だしで煮込むパスタ、ジュースで蒸す焼きそば、
冷やしで食べるインスタントラーメン。
これまでの常識を覆したレシピは、
いつかみんなのスタンダードになります。

和ペペ

酒で煮たパスタがとんでもなかった
日本酒ペペロンチーノ

材料〈1人前〉

- パスタ（1.4mm）…100g
  （5分ゆでのもの）
- Ⓐ にんにく（スライス）…2かけ
  鷹の爪（輪切り）…1本
  オリーブ油①…大さじ1
- 〈パスタを煮るとき〉
  Ⓑ 酒…100cc
  水…220cc
  塩…小さじ1/3
  うま味だしハイミー…5振り
  （なければ味の素）
- Ⓒ オリーブ油②…大さじ1/2
  醤油…ほんの少し
- 〈仕上げ〉
  小ねぎ…好みで

1. 小さいフライパンに油①を熱し、Ⓐを炒める。Ⓑを入れて一度沸かす。

2. 弱めの中火にし、パスタを手で押さえつけながら加える。火加減を調整しつつ、混ぜながら5分ほど水分が残り大さじ1くらいになるよう煮詰める。

3. Ⓒを加え、サッと混ぜる。

point 水分の減りが早ければ火を弱め、水分が多ければ強火で飛ばして

ハイミーはグルタミン酸、イノシン酸、そしてグアニル酸まで入ったうま味の塊

ごはんに合う
ものはパスタにも
合うんだね

生姜焼きのパスタ

材料〈1人前〉

- ●パスタ（1.4mm）…100g
  （5分ゆでのもの）
- Ⓐ豚バラ肉…90g
  たまねぎ…60g
  しょうが（千切り）…10g
- ●サラダ油…小さじ2
- Ⓑ砂糖…大さじ1/2
  みりん…大さじ1
  酒…大さじ1
  醤油…小さじ4
  味の素…4振り
- 〈パスタを煮るとき〉
- ●水…320cc
- ●しょうが（おろし）…5g
- 〈仕上げ〉
- ●小ねぎ

1. 小さいフライパンに油を熱し、Ⓐを炒める。Ⓑを加えて煮詰める。水を加えて一度沸かす。

2. 弱めの中火にし、パスタを手で押さえつけながら加える。火加減を調整しつつ、混ぜながら5分ほど水分が残り大さじ1くらいになるよう煮詰める。

3. おろししょうがを加えて、サッと混ぜる。

point　千切りとおろしのしょうがダブルが効いてます

これがウマいということは豚キムチとかでやってもウマいかもしれん

モグモグモグ

90

大好き²

もしナポリタンがトロトロになったら ナポリナーラ

材料〈1人前〉

- パスタ（1.4mm）…100g
（5分ゆでのもの）
- Ⓐ ベーコン（1cm幅）40g
  ピーマン（細切り）…1こ（30g）
  たまねぎ（薄切り）…50g
  にんにく（みじん）…1かけ
- ケチャップ…大さじ2
- オリーブ油…小さじ1
〈パスタを煮るとき〉
- Ⓑ 水…340cc
  コンソメ…小さじ1
- Ⓒ 卵…1こ（溶いておく）
  ピザ用チーズ…30g
〈仕上げ〉
- 黒胡椒…好みで

1. 小さいフライパンに油を熱し、強火でⒶを炒める。ケチャップを加え、具材にしっかりまとわりつくまで炒める。Ⓑを入れて、一度沸かす。

2. 弱めの中火にし、パスタを手で押さえつけながら加える。火加減を調整しつつ、混ぜながら5分ほど水分が残り大さじ1くらいになるよう煮詰める。

3. 火を止めて、フライパンを十数秒冷ます。Ⓒを加え、余熱で半熟になるまで混ぜる。

 point 具を炒めるまではナポリタン、そのあとはカルボナーラです

 また日本人が本場ではありえないパスタを作ってしまった

あまりにも美味しいミニトマトのパスタ

ウマさの秘密は「擬似ドライトマト」

材料〈1人前〉

- パスタ（1.4mm）
  …100g
  （5分ゆでのもの）
- ミニトマト（2等分）
  …80g
- にんにく（スライス）
  …2かけ
- オリーブ油…大さじ1

〈パスタを煮るとき〉

- Ⓐ 水…320cc
  塩…小さじ1/3
  醤油…小さじ1/2
  うま味だしハイミー
  …4振り
  （なければ味の素）
- Ⓑ オリーブオイル
  …大さじ1/2
  塩…1つまみ

1. ミニトマトを3分30秒チンする。

2. 小さいフライパンに油を熱し、強火でにんにくを炒める。Ⓐとⓐを加えて一度沸かす。そのあとは、左ページの工程2と同じ。Ⓑを加えて、サッと混ぜる。

point ミニトマトをチンすることでうま味を最大限凝縮させてます

さっぱりフルーティ

ミニトマトが嫌いな編集さんがモリモリ食べてました

青のりバターパスタ

湖池屋のポテトチップス味

うまっ！

材料〈1人前〉

- パスタ（1.4mm）…100g
  （5分ゆでのもの）
- シーフードミックス…70g
  （エビの背ワタをとっておく）

〈解凍するとき〉

- 水…200cc
- 塩…小さじ1

〈パスタを煮るとき〉

- Ⓐ 水…330cc
  白だし…小さじ4
- Ⓑ バター…10g
  醤油…小さじ1/2
  青のり…小さじ2

1. シーフードミックスを塩水に10分浸して解凍する。流水で洗って水気を切る。

2. 小さいフライパンにⒶを入れて、一度沸かす。そのあとは、左ページの工程2と同じ（シーフードミックスは3分経ったくらいで加える）。Ⓑを加えて、サッと混ぜる。

point アスパラとか入れてもウマい

この味つけでチャーハンにしてもウマいかもしれん

魔術!

目つぶったら明太子の味がします

ジェネリック明太子パスタ

材料〈1人前〉

- パスタ（1.4mm）…100g
  （5分ゆでのもの）
- Ⓐ卵…1こ
  （溶いておく）
  塩…小さじ1/4
  豆板醤…小さじ1
  味の素…3振り
- サラダ油…大さじ1/2
  〈パスタを煮るとき〉
- Ⓑ水…320cc
  砂糖…小さじ1/2
  ナンプラー…小さじ2と2/1
  かつおぶし…1g
  （粉にしておく）※P.84
- バター…10g
- 海苔…好みで
- 小ねぎ…好みで

1. 小さいフライパンにⒶを入れて混ぜ合わせる。弱火にかけ、そぼろ状にする。ブンブンチョッパーに移して、さらに細かくする。

2. 空いたフライパンにⒷを入れて、一度沸かす。弱めの中火にし、パスタを手で押さえつけながら加える。火加減を調整しつつ、混ぜながら5分ほど水分が残り大さじ1くらいになるよう煮詰める。

3. ❶のジェネリック明太子とバターを加え、混ぜる。器に盛り、海苔をちぎりかけ、小ねぎを振る。

point 節約の意味もあるけど、実験感覚で楽しんでやってほしい

芸能人格付けチェックに出してくれんかな

究極の煮干し水そうめん

材料〈1人前〉

- そうめん…100g
- 卵黄…1こ

〈だし〉
- 煮干し…15g
- A 水…200cc
  - かつおぶし…3g
  - 味の素…3振り
- 塩…3g

1. 煮干しの頭と腹わたをとる。鍋に煮干しとⒶを入れて、一度沸かす。弱火にして10分煮込む。塩を加えたらザルで濾し、冷蔵庫で冷やしておく。

2. そうめんを1分10秒ゆでる。ザルにあけて流水で洗い、氷水で冷やして、水気を絞り切る。

3. 丼に❶のだしを入れ、❷のそうめんを加える。最後に卵黄をのせる。

point だし取ったあとの煮干しは、醤油と砂糖で炒めたらふりかけになります

「え、めんつゆは?」って言われたら
ドヤ顔で「そのまま食べてみて」って言おう

94

冷麺LOVE♡

暗記して「激安そうめんはゆでるときに酢」 救済そうめん

材料〈1人前〉

- そうめん…100g
- 豚バラ肉（4等分）…60g
- ゆで卵…1こ
- キムチ…60g
- きゅうり（千切り）…1/3本
- Ⓐ 鶏がらスープの素
  …小さじ1と1/2
  水①…大さじ1
- Ⓑ 醤油…大さじ1
  酢…大さじ1
  砂糖…小さじ1
  レモン汁…小さじ1/2
  ごま油…小さじ1
  塩…1つまみ
  味の素…2振り
  水②…180cc

〈ゆでるとき〉
- 水…1L
- 酢…小さじ2

1. 耐熱容器にⒶを入れ、30秒チンする。Ⓑを加えて混ぜ、冷蔵庫で冷やす。

2. 鍋に湯を沸かし、酢を加えて、そうめんをゆでる。1分経ったら豚肉を加え、もう1分経ったらザルにあける。流水で洗い、氷水で冷やして、水気を絞り切る。

3. 器に2を盛り、1をかけ、豚肉・ゆで卵・キムチ・きゅうりをのせる。

point 酢入れてゆでたら驚きのコシ。具なしでも全然OK

 あるスーパーのそうめんがバカにされててそれがどうしても許せなくて考えたレシピす

黄金たまごそうめん

そうめんに
衝撃の
「ARE」で優勝

材料 〈 1 人前 〉

- そうめん…100g
- Ⓐ たまご豆腐…1こ(65g)
  付属のたれ…1つ
  ヤマサこれ!うま!!つゆ
  …小さじ2
  （なければ白だし）
  塩…1つまみ
  ごま油…1まわし
  〈ゆでるとき〉
- 湯…1L
- 酢…小さじ2
  〈仕上げ〉
- 小ねぎ…好みで

1. 鍋に湯を沸かし、酢を加えて、そうめんを2分弱ゆでる。ザルにあけて流水で洗い、氷水で冷やして、水気を絞り切る。

2. そうめんとⒶをよく混ぜる。

point ボウルのまま食ったらいいよ
がんばらなくていい

雑なのにウマくてスマン

冷やしタレうどん

焼肉のタレで
うどんを食う

材料 〈 1 人前 〉

- 冷凍うどん…1玉
- 卵黄…1こ
- Ⓐ 焼肉のたれ…大さじ2弱
  酢…大さじ1/2
  ごま油…大さじ1
  醤油…小さじ2
  味の素…2振り
- Ⓑ いりごま…好みで
  小ねぎ…好みで

1. うどんを表示の時間通りチンする。
流水で洗い、氷水で冷やして、水気を絞り切る。

2. 器にⒶを入れて、よく混ぜる。
❶を入れて和え、卵黄をのせてⒷを振る。

point 冷やせば冷やすほど麺のコシが増します

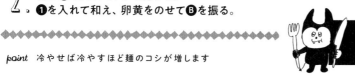

これのせいで冷やし中華
はじまらなかったらごめん

わんぱく味

ステーキ味の焼きうどんって感じ

ペッパービーフうどん

材料〈1人前〉

- 冷凍うどん…1玉
- Ⓐ 牛薄切り肉…90g
  長ねぎ（斜め薄切り）…50g
- Ⓑ にんにく（おろし）…1かけ
  酒…大さじ1
  砂糖…小さじ1
  醤油…小さじ4
  みりん…小さじ4
  味の素…4振り
- サラダ油…小さじ1

〈トッピング〉

- バター…10g

Ⓒ 黒胡椒…好みで
  小ねぎ…好みで

1. うどんを表示の時間通りチンする。フライパンに油を熱し、Ⓐを炒める。Ⓑを加えて軽く煮詰める。

2. うどんを加え、水分がほぼなくなるまで炒める。バターをのせ、Ⓒを振る。

point いい肉だとしつこくなるので、安い肉でいいです

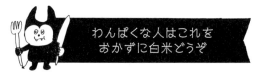

わんぱくな人はこれを
おかずに白米どうぞ

完璧な出汁を油とにんにくで全部ぶち壊す

二郎系 ジロうどん

材料〈1人前〉

- 冷凍うどん…1玉
- 豚バラ肉（3等分）…100g
- Ⓐ かつおぶし…3g
  （チンして粉にしておく）※P.84
  水…300cc
  みりん…大さじ2
  醤油…大さじ2
  オイスターソース
  …大さじ1/2
  酒…大さじ1
  ラード…大さじ1
  （なければサラダ油）
  塩…1つまみ
  味の素…7振り
  黒胡椒…好みで

〈トッピング〉
- もやし…200g
- 塩胡椒…好みで
- Ⓑ 長ねぎ（小口切り）
  …15〜20g
  にんにく（みじん）
  …2かけ

1. 鍋に豚肉とⒶを入れて一度沸かす（アクは取らなくていい）。中火にし、うどんを凍ったまま入れ、ほぐれるまで煮込む。

2. 耐熱容器にもやしを入れ、ラップをして2分チンする。塩胡椒を振って混ぜておく。

3. ❶を器に盛り、❷をのせ、Ⓑを添える。

point　創造からの破壊がこのレシピのポイントです

いつかおれが三郎になります

太二郎‼️

グツグツ

「鶏がら×豆乳」は
何を煮込んでも
ウマい

本当に美味しい キムチクリームうどん

材料〈1人前〉

- 冷凍うどん…1玉
- Ⓐ 豚バラ肉（4等分）…80g
  （塩胡椒を振っておく）
  キムチ…80g
  味噌…大さじ1/2
- サラダ油…小さじ2
  〈煮込むとき〉
- Ⓑ 豆乳（無調整）…250cc
  みりん…大さじ1
  酒…大さじ1
  鶏がらスープの素
  …小さじ2
  ごま油…小さじ1
- ニラ（5cm幅）…25g

1. うどんを表示の時間通りチンする。

2. フライパンに油を熱し、Ⓐを炒める。
   Ⓑを加え、一度沸かす。

3. 弱火にし、うどんとニラを加えて軽く煮込む。

point　ニラの代わりに小松菜とかキャベツでもOK

残った汁にごはん入れたいけど
我慢しようぜ

水ではなくあの
ジュースで蒸すと……

トマト焼きそば

材料〈1人前〉

- 焼きそば麺…1袋
- オリーブ油①…小さじ2

〈炒めるとき〉

- 豚こま肉…80g（塩胡椒を振っておく）
- キャベツ（一口大）…90g
- Ⓐ トマトジュース（無塩）…100cc
  付属の焼きそばソース…1つ
- 黒胡椒…思ってる3倍
- オリーブ油②…小さじ2

〈仕上げ〉

- パセリ…少々

1. フライパンに油①を熱し、麺をヘラで押しつけながら両面焼く。焼き目がついたら一度取り出す。

2. 空いたフライパンに油②を熱し、豚肉とキャベツを炒める。

3. ❶を戻し入れ、Ⓐを加えて炒める。水分がほぼなくなったら、黒胡椒を振ってサッと混ぜる。

point 味変で粉チーズかけたら、もはやナポリタン

うどんでやってもウマそう

あの粉末スープは水に溶けるんです サッポロ一番冷やし塩

冷さっぱり

材料〈1人前〉

- サッポロ一番
  塩らーめん…1袋
- Ⓐ 生ハム（細切り）…20g
  ゆで卵（7分半ゆで）…1こ
  レタス（千切り）…2枚
  小ねぎ…好みで
- 〈スープ〉
- Ⓑ 冷水…200cc
  付属のスープ…1つ
  酢…小さじ1
  黒胡椒…好みで
  かつおぶし…2g
  （チンして粉にしておく）※P.84
- Ⓒ 付属のごま
  オリーブ油
  …大さじ1
- アジシオ…少々

◆◆◆◆◆◆◆◆◆◆◆◆

1. 器にⒷを入れ、よく混ぜる。冷蔵庫で冷やしておく。

2. 麺を4分ゆでる。ザルにあけて流水で洗い、氷水で冷やして、水気を絞り切る。❶に入れ、Ⓐをのせる。Ⓒを振る。

◆◆◆◆◆◆◆◆◆◆◆◆

point ライフハックです。ゆで卵にアジシオ振るだけで味玉になる

卵ゆでるとき、酢を加えたら殻がスルッとむけます

夏は冷たくて辛いものでしょう サッポロ一番冷やしみそ

冷こってり

材料〈1人前〉

- サッポロ一番
  みそラーメン…1袋
- 豚ひき肉…60g
- ゆで卵（7分半ゆで）…1こ
- キムチ…50g
- Ⓐ 冷水…200cc
  付属のスープ…1つ
  にんにく（おろし）…1/2かけ
  豆板醤…小さじ1/2
  ごま油…小さじ1
  黒胡椒…好みで
- Ⓑ 付属の粉末スパイス…1つ
  小ねぎ…好みで

◆◆◆◆◆◆◆◆◆◆◆◆

1. 器にⒶを入れ、よく混ぜる。冷蔵（凍）庫で冷やしておく。

2. 麺をゆでる。2分30秒経ったら豚肉を加え、あと1分30秒ゆでる。ザルにあけて流水で洗い、氷水で冷やして、水気を絞り切る。❶に入れ、ゆで卵とキムチをのせる。Ⓑを振る。

◆◆◆◆◆◆◆◆◆◆◆◆

point スープは限界までキンキンに冷やして

夏にこれ食べないのは損

8

作りながら呑もうぜ
爆速おつまみ

あさりを唐揚げにする。枝豆をそのまま食べない。
ねぎとろをパンにのせて食う?
わけわかんない楽しい料理で、
美味しいお酒をガンガン消費していきましょう。

漬ロッ！

ちょっと待て。枝豆はそのまま食うな だし漬け枝豆

材料〈つくりやすい分量〉

- 冷凍枝豆…270g
- Ⓐ かつおぶし…4g
  （チンして粉にしておく）※P.84
  水…220cc
  醤油…大さじ1
  塩…小さじ1
  味の素…7振り

1. 枝豆を流水で解凍しておく。ザルにあけて水気を切る。

2. ビニール袋にⒶを入れて混ぜ、❶を加える。空気を抜いて、冷蔵庫で1時間置く。

point 枝豆の香りも楽しむなら漬けるのは1時間がベスト

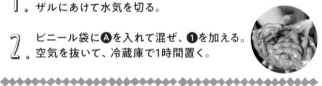

どこかの虚無おじさんが作ってくれたおつまみです

生肉ピーマン

肉詰めのピーマンは
「生」がウマい

材料〈つくりやすい分量〉

- ピーマン…3こ
〈肉味噌〉
- 豚ひき肉…160g（塩胡椒を振っておく）
- にんにく（みじん）…2かけ
- Ⓐ 豆板醤…小さじ2
　甜麺醤…小さじ2
　味の素…3振り
- サラダ油…小さじ1

**サラダ感覚で
何個でも食えます**

1. ピーマンを縦に半分に切り、氷水に漬けておく。種・ワタはみじん切りにする。

2. フライパンに油を熱し、豚肉に焼き目をつける。にんにくとピーマンの種・ワタを加え、さらに炒める。Ⓐを順に加え、そのたびサッと炒める。

3. ❶のピーマンの水気を切り、❷の肉味噌をのせる。

point ミンチは細かくほぐしすぎないほうがウマい

パリッ

生牡蠣の最高の
食べ方がこちら

生牡蠣のタバスコオイルマリネ

材料〈つくりやすい分量〉

- 生牡蠣…1パック（100gほど）
- **Ⓐ** オリーブ油…小さじ1
  - 塩…2～3つまみ
  - タバスコ…7滴

〈食べるとき〉

- レモン…1切れ

ジューシー＆スパイシー

1. 牡蠣を流水で洗い、水気をしっかり拭きとる。

2. ❶に**Ⓐ**をよーくもみこみ、冷蔵庫で10分置く。

point 塩加減は好みで調整して

白ワインもしくは酸味強めの
日本酒と合わせて

昔働いていた店で
ほとんどの常連が
頼んでた

洋風ネギトロ

とろこってり

材料〈つくりやすい分量〉

- パン…好みで
- ねぎとろ…110g
- **Ⓐ** にんにく（おろし）…1かけ
  - 塩…小さじ1/4
  - レモン汁…小さじ2/3
  - 味の素…3振り
  - 黒胡椒…好みで
- **Ⓑ** 醤油…1まわし
  - オリーブ油…1まわし
  - パプリカパウダー
    （あれば）…好みで
- 小ねぎ…たっぷり
- 食パン…好みで

1. ねぎとろと**Ⓐ**をよく混ぜる。

2. **Ⓑ**をかけ、小ねぎをのせる。

point 焼いたパンにのせて食うのが正式メニュー

なんだけど、店員はごはんに
のっけて食ってた

クラムチャウダーみたいに濃厚

生クリームのアヒージョ

材料〈つくりやすい分量〉

- シーフードミックス…150〜180g
  （エビの背ワタをとっておく）
- 好きなきのこ…100g（ほぐしておく）
- にんにく…3〜4かけ
  （包丁の腹でつぶしておく）
- オリーブ油…大さじ1
- Ⓐ 生クリーム…100cc
  （乳脂肪36%のもの）
  コンソメ…小さじ1
- 黒胡椒…好みで
  〈解凍するとき〉
- 水…200cc
- 塩…小さじ1
  〈食べるとき〉
- ルヴァン…好みで

1. 塩水にシーフードミックスを10分浸して解凍する。流水で洗って、水気を切る。

2. 小さいフライパンに油を熱し、弱火でにんにくを炒める。きのこと❶のシーフードミックスを加え、さらに炒める。

3. シーフードが白くなったらⒶを加える。軽くグツグツしてきたら火を止め、黒胡椒を振る。

point　ゆでたパスタ和えてもウマい

ルヴァンは直接砕き入れたほうがウマい。雑に食え

ウマ！

とろもちッ

革命餅

めんつゆ、卵黄、
薬味、粉チーズ

材料〈2こ分〉

- サトウの切り餅…2こ
- 卵黄…1こ
- **Ⓐ** 餅のゆで汁…小さじ1
  めんつゆ…小さじ2
  （三倍濃縮のもの）
- **Ⓑ** かつおぶし…1～2つまみ
  海苔…好みで
  粉チーズ…好みで
  小ねぎ…好みで

1. 耐熱容器に餅と餅が浸るくらいの水（分量外）を入れ、ラップをせずに2分30秒チンする。

2. ❶の餅を器に盛り、Ⓐをかけて卵黄をのせる。Ⓑを振る。

point ぜいたくするなら明太子とかのせてもウマい

子どものおやつにもちょうどいいすよ

焼き納豆

やけくそです。
でも呑めます

カリカリのフク

材料〈1人前〉

Ⓐ 納豆…1パック
　 チーズ…30g
　 付属のからし…1つ
・サラダ油…小さじ1

Ⓑ 付属のタレ…1つ
　 黒胡椒…好みで
　 小ねぎ…好みで

1. Ⓐを混ぜる。フライパンに油を熱し、両面がカリッとするまで焼く。

2. Ⓑをかける。

point　納豆でこしらえたガレットみたいな感じです

いろんな味の納豆で試して
どれがウマかったか教えて

悪魔のたまご

アメリカ人が
大好きなオードブル

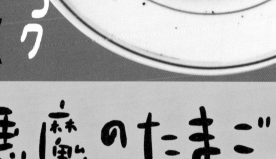

材料〈つくりやすい分量〉

・ゆで卵…4こ（12分ゆで）

Ⓐ ツナ缶…1缶
　 たまねぎ（みじん）…30g
　 にんにく（おろし）…ほんの少し
　 ケチャップ…大さじ1/2
　 マヨネーズ…大さじ2
　 塩…小さじ1/5
　 味の素…5振り
　 黒胡椒…好みで

〈仕上げ〉
・パセリ…好みで
・パプリカパウダー
　（あれば）
　　…好みで

1. ゆで卵の黄身と白身を分ける。

2. ❶の黄身とⒶをよく混ぜる。白身にのせる。

濃卵!!

point　ゆで卵は完茹ででお願いします

起源は古代ローマにまで
さかのぼる伝統料理す

ナスの洋風肉詰め

肉もナスも口の中で
ジュワッと広がる

材料〈つくりやすい分量〉

- 豚ひき肉…120g
- ナス…2こ(180g)
- 塩胡椒…好みで
- Ⓐ にんにく(おろし)
  …1かけ
  パン粉
  …大さじ2と1/2
  水…大さじ1と1/2
  コンソメ…小さじ1
  黒胡椒…好みで
- オリーブ油…1まわし

〈仕上げ〉

- パセリ…好みで

1. ナスをラップで包み、3分チンする。縦に切れ目を入れて、塩胡椒を振る。

2. 豚肉とⒶをよーくこね、❶に詰める。トースターの天板に移し、火が通るまで焼く。器に移し、オリーブ油を回しかける。

point 上品なので物足りない人は好きなソースかけて

もし羊肉とかで作れたら
異国な感じになるんだろうな

まるごと モッツァレラステーキ

ガーリックトマトソースで食べる

ジャンキーに見えて
食べたら高級感

材料〈つくりやすい分量〉

- モッツァレラチーズ
  …100g
- Ⓐ 塩…2つまみ
  片栗粉…小さじ1と1/2
- オリーブ油①…小さじ1

〈ソース〉

- たまねぎ(薄切り)
  …30g(1/8こ)
- Ⓑ トマトジュース(無塩)
  …100ml
  にんにく(おろし)
  …1/2かけ
  コンソメ…小さじ2/3
- オリーブ油②…小さじ2

〈仕上げ〉

- 黒胡椒…好みで
- パセリ…少々

1. フライパンに油②を熱し、たまねぎを炒める。Ⓑを加え、軽くトロッとするまで煮詰めたら火を止める。

2. チーズの水分を拭きとり、Ⓐを振る。別のフライパンに油①を熱し、チーズをヘラで押し焼く。少し溶け出したら裏返し、カリカリの焦げ目がついたら火を止める。

point ソースを温め直して皿に移し、その上に焼いたチーズのせたらオシャレな盛り付けです

あさりの唐揚げ

冷凍アサリで作れば
一皿なんと80円

材料〈つくりやすい分量〉

- 冷凍むきアサリ…100g
- Ⓐ にんにく…1/2かけ
  - 醤油…大さじ1と1/2
  - みりん…大さじ1/2
  - 酒…大さじ1/2
  - 味の素…5振り
- 〈揚げるとき〉
- 片栗粉…適量
- サラダ油…底から1cm
- 〈仕上げ〉
- 塩胡椒…好みで
- レモン…1切れ

1. 凍ったままのアサリとⒶを混ぜ、常温で30分置く。

2. ❶のアサリの水気を切り、片栗粉をまぶす。
小さいフライパンに油を熱し、柴犬色になるまで
揚げるだけ。

point　先に食卓に出すと、枝豆感覚でみんな永久に食ってくれます

あらゆる料理研究家のレシピを食ってきた
スタイリストがこれはウマいと持って帰った

新定番つまみ

揚げることで肉汁がジュワッとしみ出る スパムの唐揚げ

材料〈つくりやすい分量〉

- スパム（サイコロ状）…1缶

〈揚げるとき〉

- 片栗粉…まんべんなく
- サラダ油…底から1cm

〈食べるとき〉

- 黒胡椒…好みで
- レモン…1切

1. スパムに片栗粉をしっかりとまぶす。
   小さいフライパンに油を熱し、揚げるだけ。

point スパムは生で食えるので、衣がカリッと揚がればOKす

正直、唐揚げにしたら
なんでもウマい

鶏の七味焼き

バリッバリの皮、辛味、そして酒

材料〈2人前〉

- 鶏もも肉…1枚（320g）
- Ⓐ 醤油…大さじ1
  - 砂糖…小さじ1/3
  - 塩…小さじ1/5
  - 味の素…3振り
- Ⓑ パン粉…大さじ2
  - 七味…たっぷり
- サラダ油…小さじ2

〈食べるとき〉

マヨネーズ…好みで

1. 鶏肉にⒶを振り、常温で数十分漬けておく。

2. フライパンに油を熱し、鶏肉の両面に
しっかり焦げ目をつけたら火を止める。

3. トースターの天板にクッキングシートを敷き、
❷を移す。Ⓑをかけて6〜8分焼く。

point 写真はトースターで焼く前。カリカリになるまで焼いて

これは焼酎だね

至高のあら汁

飲む前に、明日の
自分のために作れ

材料 〈つくりやすい分量〉

- 魚のあら…350g
  （ブリやタイなど）
- 大根（イチョウ切り）…350g
- しょうが（千切り）…10g
  〈焼くとき〉
- 塩…少々
- サラダ油…小さじ1と1/2
  〈煮込むとき〉
- Ⓐ 水…850cc
  塩…小さじ1/2
  味の素…3振り
- 味噌…大さじ2
  〈仕上げ〉
- 小ねぎ…好みで

1. 魚のあらに塩を振り、数分置く。流水でよく洗い、キッチンペーパーで水分を拭きとる。

2. 大きいフライパンに油を熱し、魚のあらに焼き目をつける。出てきた油はキッチンペーパーで吸い取る。

3. 大根・しょうが・Ⓐを加え、フタをせずに20分煮込む。出てきたアクは取る。一度火を止めて味噌を溶かし入れ、温めなおす。

point 味の素だからこそ、香りでだしを邪魔せずにうま味だけ足せる

 これが味の素の使い方です

おうちで作れる
背徳のパン＆スイーツ

フライパンで作るホットサンド、お菓子で作るお菓子、
そして、チョコをもらう予定のないみなさまに
ぼくからプレゼントしたい至高のドリンク。
これからも、一緒に生きていきましょう。

ベーコンの塩味にアボカドのまろやかさ

究極のアボカドトースト

材料〈1人前〉

- 食パン（6枚切り）…1枚
- ベーコン…2枚
- バター…5g

〈アボカドペースト〉
- アボカド…1/2こ（70g）
- Ⓐ 塩…小さじ1/4
  - レモン汁…小さじ1/2
  - マヨネーズ…小さじ2
  - 味の素…3振り
  - 黒胡椒…好みで

〈仕上げ〉
- オリーブ油…好みで
- 黒胡椒…好みで

1. パンにバターを塗り、ベーコンをのせて
   トースターで焼く。

2. アボカドとⒶをつぶしながらよく混ぜる。❶に塗る。

point　フランスパンでやったら、しゃれたパーティーメニュー

ベーコンはアボカドの
下に隠れてます

悪魔の親子トースト

缶詰めの甘い焼き鳥は、パンにこそ合う

☆☆☆

テリヤキ・チキン・ピザの味です

材料〈1人前〉

- 食パン（6枚切り）…1枚
- 焼き鳥缶（タレ味）…1缶（75g）

〈タルタルソース〉
- 卵…1こ
- Ⓐ マヨネーズ…大さじ2
- 塩…1つまみ
- 黒胡椒…好みで

〈仕上げ〉
- 七味…好みで
- 小ねぎ…好みで

1. 耐熱容器に卵を割り入れ、黄身を軽くつぶして1分20秒チンする。Ⓐを加え、卵をつぶしながら混ぜる。

2. ❶をパンに塗り、焼き鳥をのせる。トースターで鶏肉が軽く焦げるまで焼く。

point タルタルがめんどくさかったら、焼き鳥とマヨだけでもウマい

サバ缶レモンホットサンド

ホットサンドはフライパンで作れるよ

ザクッ！

材料〈1人前〉

- 食パン（8枚切り）…2枚
- サバ缶（水煮）…1/2缶
- レタス…1枚
- とろけるチーズ…1枚
- Ⓐ マヨネーズ…大さじ1
- コンソメ…小さじ1/2
- レモン汁…小さじ1/3
- 黒胡椒…少々

〈焼くとき〉
- バター…10g

1. サバ缶の水気を切り、Ⓐとよく混ぜる。

2. 食パンの片方にレタス、もう片方にチーズをのせ、その間に❶を挟む。フライパンにバターを熱し、ヘラで押しつけながら両面焼く。

トルコにはサバサンドってのがあってそれのかんたんバージョンす

point これ焼きサバでやると、至高のウマさになるはず

初めてのお菓子づくりは、ここからどうぞ

至高のクランキーチップクッキー

材料〈つくりやすい分量〉

- ホットケーキミックス…150g
- バター…35g（常温に戻しておく）
- Ⓐ ロッテクランキー（市販チョコ）…1枚
  （ざっくり砕いておく）
  牛乳…30cc
  ラム酒…大さじ1/2
  塩…1つまみ

1. ホットケーキミックスとバターをよーく混ぜる。
   Ⓐを加えて混ぜ、1つにまとめる。
   8等分にして、クッキーの形にする。
   （その間にオーブンを180℃で予熱しておく）

2. オーブンの天板にクッキングシートを敷き、
   ❶を並べて20分焼く。

 本当はスコーンのレシピです
小さく焼けばクッキー

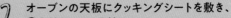 **point** ラムの酒感は抜けて香りだけ残るので、お子様でも大丈夫

チョコをもらう予定のない皆様にオススメ

至高のホットチョコレート

材料〈1杯分〉

- 牛乳…200cc
- ビターチョコレート…50g
  （細かくきざんでおく）
- Ⓐ 練乳…小さじ1
  - ラム酒…小さじ1
  （酒が苦手な人は入れない）
  - 黒胡椒…3振り
  - シナモンパウダー…3振り
- 〈飲むとき〉
- Ⓑ ラム酒…好みで
  - 黒胡椒…好みで
  - シナモンパウダー…ほんの少し

1. 鍋で牛乳を温め、フツフツしてきたら火を止める。チョコを加えて溶かす。Ⓐを加え、弱火でもう一度温めながら混ぜる。

2. カップに移し、好みでさらにⒷを振る。

point 牛乳は沸騰すると盛大に吹きこぼれます。温めすぎ注意

もらう予定のない、つまりおれたちのためのスイーツ

おわりに

外食以上に美味しい料理を家庭で食える
ワケがない！ なんて思っていましたが、見
事に覆されました。　　　　　（28才/男性）

料理には並々ならぬ苦手意識があったの
ですが、こんなわたしでもおいしいものを
作ることができる。ほんとうにありがとうご
ざいます。　　　　　　　　　（22才/女性）

冷蔵庫のない生活の中、食べるメシはカッ
プラーメンだけでした。しかし、この本の
おかげでもう一度メシを作る意欲が湧いて
きました。思い出させてくれてありがとうご
ざいました。　　　　　　　　（41才/男性）

来年、孫が結婚するのでプレゼントします。
　　　　　　　　　　　　　　（77才/女性）

マンネリ化していく食卓をリフレッシュして
くれて、主婦を興奮させるものばかり！ 苦
しい家計を助けてくれてありがとう。
　　　　　　　　　　　　　　（50代/女性）

自由に作ってもいい、なんでもありっってい
いですね！　　　　　　　　　（47才/女性）

この本のせいで、料理が趣味になってしまい
ました。まさしく「悪魔」です。　（43才/男性）

10年ぶりくらいに料理の本を購入しまし
た。その気にさせてくれて、ありがとうご
ざいます。レパートリーが増えて家族に褒
められました。　　　　　　　（50才/女性）

「そうきたかあ～」と思う材料の合わせ方。
定番のおかずしか思いつかないわたしには
ワンダーランドでした！　　　（61才/女性）

出版社に届いた感想ハガキの一部です。
みなさん、ぼくのレシピを作ってくれて本当にありがとう
ございます。でもね、ぼくはそのうち酒でなんかトラブルを
やらかすと思います。そしたらぼくは消えちゃいます。それでも、
いつか消えちゃったとしても、ぼくの考えたレシピは
ずっとみなさんの手元に残りますから、安心してください。
それまでは懲りずに、酔っ払いの趣味にお付き合い
いただけるとうれしいです。
悪魔のおにいさん、リュウジでーす!!!

リュウジ

ひと口で人間をダメにするウマさ！
悪魔のレシピ リュウジ式

定価:1,430円（本体1,300円＋税）
A5変形128ページ　ISBN:9784909044235

本書の第1弾であり、まだリュウジがYouTubeをやっていなかった頃の出世作。食材ぜんぶチンするだけで作れる「半熟カマンベールカルボナーラ」、白だしに漬けるだけの最強ごはんの友「大葉の浅漬け」など、最短で最高のレシピが盛りだくさん。

リュウジ式 至高のレシピ1
人生でいちばん美味しい！基本の料理100

定価:1,650円（本体1,500円＋税）
B5変形192ページ　ISBN:9784909044341

2022年「料理レシピ本大賞 in Japan」大賞受賞。リュウジのいちばん売れてるレシピ本。邪道にして至高。プロや専門家から見たら「ありえない」作り方。なのに、食べたら「これ人生でいちばんウマいわ」ってなるレシピを形にしました。

リュウジ式 至高のレシピ2
人生でいちばん美味しい！基本の料理100

定価:1,870円（本体1,700円＋税）
B5変形192ページ　ISBN:9784909044426

至高のレシピ第2弾。「白米の炊き方」から「ピーマンの肉詰め」まで、「毎日使える」レシピがいっぱい。前作よりも圧倒的に、台所に立つ人に寄り添った「至高の家庭料理」を100こ厳選しました。わかりやすくて、絶対にウマい！もう、今日作る献立に迷いません。

索引

肉

【豚こま肉】
豚こまトンテキ　28
ねぎ豆腐　29
豚こまぶた天　30
トマト焼きそば　99

【豚バラ肉】
名もなき豚ピー　32
名もなき長芋豚巻き　33
最強のバラ焼き　34
地獄の湯豆腐　45
赤チャーハン　74
豚キムチの炊き込みごはん　78
生姜焼きのパスタ　89
救済そうめん　94
二郎系ジロうどん　97
本当に美味しいキムチクリームうどん　98

【豚バラブロック肉】
フライパン蒸し豚　35

【豚ひき肉】
黄金肉春雨　36
ジャージャーもやし　51
悪魔の肉ズッキーニ　52
自由軒風カレー　74
本当に美味しい台湾カレー　75
悪魔のプロビデンス丼　77
サッポロ一番冷やし〈みそ〉　100
生肉ピーマン　103
ナスの洋風肉詰め　108

【鶏もも肉】
秒殺バターチキンカレー　20
ハニーレモン唐揚げ　31
米泥棒鶏　37
鶏のオイスタートマト煮込み　38
生ニラだれ鶏　39

鶏の昆布締め　40
至高のチキンライス　72
蒸し鶏丼　80
鶏の七味焼き　111

【鶏むね肉】
鶏むねスティック唐揚げ　31
超痩せ肉チヂミ　46
鶏むねのレモン漬け　49
むね肉かけ丼　76

【ささみ】
超柔ささみステーキ【改】　19
ささみピザ　50

【牛薄切り肉】ペッパービーフうどん　96

【牛ステーキ肉】
みそバターソースステーキ　41

【合びき肉】
至高のミラノ風ドリア　22
世界一ごはんに合うハンバーグ　23
すきやきバターひき肉じゃが　36
至高のチリコンカン　44
焼きトマト丼　68

【ウインナー／ハム／ベーコン】
たまごのピザ　18
シン・無限キャベツ　55
ジャガボナーラ　59
ヤバすぎるハム丼　82
悪魔のピザごはん　83
ナポリナーラ　90
サッポロ一番冷やし〈塩〉　100
究極のアボカドトースト　114

【コンビーフ・スパム】
わさびバターコンビーフ丼　82
スパムの唐揚げ　110

魚介

【魚】
刺身が100倍おいしくなる漬け　42
レンジオリーブオイル蒸しぶり　42
洋風ネギトロ　104
至高のあら汁　112

【貝】
生牡蠣のタバスコオイルマリネ　104
あさりの唐揚げ　109

【シーフードミックス】
青のりバターパスタ　91
生クリームのアヒージョ　105

【ツナ缶】
無限たまねぎ　58
究極のアボカド丼　81
悪魔のたまご　107

【サバ缶】　サバ缶レモンホットサンド　115

【明太子】　無限しらたき　47

【練り物】
タルタルちくわ　65
反則の海老チャーハン　73

野菜

【アボカド】
究極のアボカド丼　81
究極のアボカドトースト　114

【大葉】　超痩せ肉チヂミ　46

【枝豆】　だし漬け枝豆　102

【オクラ】
ザクザクオクラ　61
夏を生き延びるオクラめし　71

【キャベツ】
最強のバラ焼き　34
シン・無限キャベツ　55
トマト焼きそば　99

【きゅうり】
きゅうりのにんにくポン酢漬け　25
無限しらたき　47
叙々苑風サラダ　63
救済そうめん　94

【里芋】　里芋のまんまる唐揚げ　60

【じゃがいも】
すきやきバターひき肉じゃが　36
ジャガボナーラ　59

【ズッキーニ】　悪魔の肉ズッキーニ　52

【大根】
至高の大根ステーキ　56
至高のあら汁　112

【たまねぎ】
暗殺者のパスタ　15
たまごのピザ　18
秒殺バターチキンカレー　20
至高のミラノ風ドリア　22
世界一ごはんに合うハンバーグ　23
最強のバラ焼き　34
至高のチリコンカン　44
無限たまねぎ　58
タルタルちくわ　65
新たまねぎステーキ丼　69
至高のチキンライス　72
自由軒風カレー　74
本当においしい台湾カレー　75
悪魔のプロビデンス丼　77
ヤバすぎるハム丼　82
悪魔のピザごはん　83
生姜焼きのパスタ　89
ナポリナーラ　90

悪魔のたまご　107
まるごとモッツァレラステーキ　108

【トマト・プチトマト】
たまごのピザ　18
鶏のオイスタートマト煮込み　38
トマトの宝石漬け　57
焼きトマト丼　68
悪魔のピザごはん　83
あまりにも美味しいミニトマトのパスタ　91

【長芋】
名もなき長芋豚巻き　33
長芋のわさび昆布茶漬け　58
至高のとろろ　84

【ナス】
やみつき蒸茄子　62
ナスの洋風肉詰め　108

【ニラ】
ニラの甘辛おひたし　17
生ニラだれ鶏　39
本当に美味しいキムチクリームうどん　98

【にんじん】
インド料理屋で出てくるサラダ　21

【長ねぎ】
合法たまご　14
ラーメン屋さんの辛ねぎ　25
ねぎ豆腐　29
フライパン蒸し豚　35
米泥棒鶏　37
刺身が100倍おいしくなる漬け　42
ねぎ塩こんにゃく　50
叙々苑風サラダ　63
反則の海老チャーハン　73
赤チャーハン　74
本当に美味しい台湾カレー　75
蒸し鶏丼　80
ペッパービーフうどん　96
二郎系ジロうどん　97

【白菜】　地獄の白菜　64

【ピーマン】
冷やしだしピーマン　16
名もなき豚ピー　32
飯泥棒ピーマン味噌　54
悪魔のピーマン丼　71
至高のチキンライス　72
悪魔のピザごはん　83
ナポリナーラ　90
生肉ピーマン　103

【みょうが】　飯泥棒みょうが　57

【もやし】
ジャージャーもやし　51
二郎系ジロうどん　97

【レタス】
叙々苑風サラダ　63
サッポロ一番冷やし〈塩〉　100
サバ缶レモンホットサンド　115

【きのこ】
ささみピザ　50
ヤンニョムえのき　62
しいたけ丼　70
至高のチキンライス　72
生クリームのアヒージョ　105

【ミックスビーンズ】
至高のチリコンカン　44
スパムの唐揚げ　110

【キムチ】
キム玉　66
豚キムチの炊き込みごはん　78
救済そうめん　94
本当に美味しいキムチクリームうどん　98
サッポロ一番冷やし〈みそ〉　100

【トマト缶】
暗殺者のパスタ　15
秒殺バターチキンカレー　20
至高のチリコンカン　44

その他

【卵】
合法たまご　14
たまごのピザ　18
世界一ごはんに合うハンバーグ　23
黄金納豆丼　24
ジャガボナーラ　59
焼き煮卵　64
タルタルちくわ　65
キム玉　66
悪魔のピーマン丼　71
夏を生き延びるオクラめし　71
反則の海老チャーハン　73
赤チャーハン　74
白由軒風カレー　74
本当においしい台湾カレー　75
フライドエッグ丼　77
悪魔のプロビデンス丼　77
ナポリナーラ　90
ジェネリック明太子パスタ　92
究極の煮干し水そうめん　93
救済そうめん　94
冷やしタレうどん　95
サッポロ一番冷やし〈塩〉　100
サッポロ一番冷やし〈みそ〉　100
革命餅　106
悪魔のたまご　107
悪魔の親子トースト　115

【豆腐】
ねぎ豆腐　29
地獄の湯豆腐　45
お金渋り丼　86

【たまご豆腐】　黄金たまごそうめん　95

【豆乳】
本当に美味しいキムチクリームうどん　98

【納豆】
黄金納豆丼　24
納豆ドレッシング　48
焼き納豆　107

【こんにゃく】　ねぎ塩こんにゃく　50

【しらたき】　無限しらたき　47

【春雨】　黄金肉春雨　36

【焼き鳥缶】　悪魔の親子トースト　115

【牛乳】
至高のミラノ風ドリア　22
至高のクランキーチップクッキー　116
至高のホットチョコレート　117

【チーズ】
たまごのピザ　18
至高のミラノ風ドリア　22
ささみピザ　50
悪魔の肉ズッキーニ　52
ジャガボナーラ　59
悪魔のプロビデンス丼　77
悪魔のピザごはん　83
ナポリナーラ　90
焼き納豆　107
まるごとモッツァレラステーキ　108
サバ缶レモンホットサンド　115

【パン】
至高のガーリックトースト　26
洋風ネギトロ　104
究極のアボカドトースト　114
悪魔の親子トースト　115
サバ缶レモンホットサンド　115

QRコード一覧　YouTubeチャンネル「料理研究家リュウジのバズレシピ」に飛びます

1.人間をダメにする伝説レシピ

合法たまご	暗殺者の パスタ	冷やしだし ピーマン	ニラの甘辛 おひたし	たまごのピザ
		coming soon	coming soon	coming soon

超柔ささみ ステーキ【改】	秒殺バター チキンカレー	インド料理屋で 出てくるサラダ	至高のミラノ風 ドリア	世界一ごはんに 合うハンバーグ
coming soon		coming soon		

黄金納豆丼	ラーメン屋さん の辛ねぎ	きゅうりのにんにく ポン酢漬け	至高のガーリック トースト
coming soon	coming soon		

2.胃袋がブラックホール シン・定番おかず

豚こまトンテキ	ねぎ豆腐	豚こまぶた天	ハニーレモン 唐揚げ	鶏むね スティック唐揚げ	名もなき 豚ピー
			coming soon	coming soon	

名もなき長芋 豚巻き	最強の バラ焼き	フライパン 蒸し豚	すきやきバター ひき肉じゃが	黄金肉春雨	米泥棒鶏
	coming soon		coming soon		

鶏のオイスター トマト煮込み	生ニラだれ鶏	鶏の昆布締め	みそバター ソースステーキ	刺身が100倍 おいしくなる漬け	レンジオリーブ オイル蒸しぶり
coming soon			coming soon		coming soon

3.味も満足感もすごいのに太らない神レシピ

**至高の
チリコンカン**

coming
soon

地獄の湯豆腐

coming
soon

超痩せ肉チヂミ

無限しらたき

納豆ドレッシング

coming
soon

**鶏むねの
レモン漬け**

ささみピザ

coming
soon

**ねぎ塩
こんにゃく**

coming
soon

**ジャージャー
もやし**

coming
soon

**悪魔の肉
ズッキーニ**

4.野菜がたくさん食べられる無限副菜

**飯泥棒
ピーマン味噌**

coming
soon

**シン・無限
キャベツ**

**至高の大根
ステーキ**

**トマトの宝石
漬け**

飯泥棒みょうが

coming
soon

無限たまねぎ

**長芋のわさび
昆布茶漬け**

coming
soon

ジャガボナーラ

coming
soon

**里芋のまん
まる唐揚げ**

ザクザクオクラ

やみつき蒸茄子

ヤンニョムえのき

叙々苑風サラダ

地獄の白菜

焼き煮卵

タルタルちくわ

キム玉

coming
soon

5.ひと皿で大満足　丼・炒飯・カレー・炊き込み

焼きトマト丼	新たまねぎ ステーキ丼	しいたけ丼	悪魔の ピーマン丼	夏を生き延びる オクラめし
coming soon	coming soon	coming soon		coming soon

至高の チキンライス	反則の海老 チャーハン	赤チャーハン	自由軒風 カレー	本当においしい 台湾カレー
	coming soon	coming soon	coming soon	

むね肉かけ丼	フライド エッグ丼	悪魔の プロビデンス丼	豚キムチの 炊き込みごはん
coming soon		coming soon	

6.火すら使わないササっとひとり飯

蒸し鶏丼	究極の アボカド丼	ヤバすぎる ハム丼	わさびバター コンビーフ丼	悪魔の ピザごはん
coming soon	coming soon			coming soon

至高のとろろ	本当においしい わかめごはん	お金渋り丼

7.魅惑の新世界　アレンジ麺類

日本酒 ペペロンチーノ	生姜焼きの パスタ	ナポリナーラ	あまりにも美味しい ミニトマトのパスタ	青のり バターパスタ	ジェネリック 明太子パスタ
coming soon	coming soon	coming soon	coming soon	coming soon	

究極の煮干し 水そうめん	救済そうめん	黄金たまご そうめん	冷やし タレうどん	ペッパー ビーフうどん	二郎系 ジロうどん
				coming soon	

本当に美味しい キムチクリームうどん	トマト焼きそば	サッポロ一番 冷やし〈塩〉	サッポロ一番 冷やし〈みそ〉

8.作りながら呑もうぜ 爆速おつまみ

だし漬け枝豆	生肉ピーマン	生牡蠣のタバスコ オイルマリネ	洋風ネギトロ	生クリームの アヒージョ

革命餅	焼き納豆	悪魔のたまご	ナスの洋風 肉詰め	まるごと モッツァレラステーキ
	coming soon	coming soon	coming soon	

あさりの唐揚げ	スパムの唐揚げ	鶏の七味焼き	至高のあら汁
	coming soon	coming soon	

9.おうちで作れる背徳のパン＆スイーツ

究極のアボカド トースト	悪魔の親子 トースト	サバ缶レモン ホットサンド	至高のクランキー チップクッキー	至高のホット チョコレート
coming soon		coming soon	coming soon	

ひと口で人間をダメにするウマさ！
リュウジ式 悪魔のレシピ2
2024年2月29日　第1刷発行

著者	リュウジ
発行者	大塚啓志郎・高野 翔
発行所	株式会社ライツ社 兵庫県明石市桜町2-22 TEL 078-915-1818　FAX 078-915-1819
印刷・製本	シナノパブリッシングプレス
編集	大塚啓志郎・有佐和也・感応嘉奈子
営業	髙野 翔
営業事務	吉澤由樹子・成田 藍
装丁	坂川朱音（朱猫堂）
本文デザイン	坂川朱音＋小林由衣（朱猫堂）
イラスト	風間勇人
写真	土居麻紀子
スタイリング	本郷由紀子
調理アシスタント	双松桃子（@momosan0627）
	宗像里菜（@rina_rinanowa）
撮影協力	たかお